INPUT
THE POWER OF INPUT : How to Maximize Learning

学び効率が最大化する
インプット大全

精神科医
樺沢紫苑

sanctuary books

効率的に学んで忘れない、
インプットのすべて

はじめに

「情報爆発時代」に必須のインプット革新

　働き方改革関連法が施行され、実質的な残業禁止の時代。生産性を高めて仕事をすることが必須の時代となりました。インプット術を磨き、インプット効率を高めることは、あなたの生産性アップに間違いなく貢献するはずです。

　インプットとは、本や人、インターネットなどで、情報を入力・吸収すること。細かくいえばメールチェックや仕事の資料を読むのもインプットです。
　私たちは1日の中で、かなりの時間をインプットに費やしています。しかし、日々大量の情報をインプットしているのに、得た情報を活用できていない、読んだ本の内容が思い出せない、仕事や実生活に変化が起こらない……そんな方は多いのではないでしょうか。

電車の中で多くの人がスマホを見ていますが、笑顔の方は滅多におらず、みなさん疲れた表情をしています。ある調査によると、全スマホユーザーの33%が「スマホ疲れ」に陥っています。
　インターネット上のデジタル情報は、20年前と比べて5,000倍に増えているといわれています。これからも私たちが接触する情報は、猛烈な速度で増え続けることは確実で、「情報爆発」の時代に突入しています。

　つまり、従来型のインプット術をしていては、時間も手間もかかり過ぎる。それが「スマホ疲れ」「情報疲れ」の原因です。
　テクノロジーが進化する今こそ、私たち一人ひとりが「インプット術」の革新を行わなければ、情報のインプットだけでヘロヘロになります。生産性高く、バリバリ仕事をすることは不可能です。
　今インプット革新をできる人だけが、AI時代情報化社会の勝者となれるのです。

インプットの97%は無駄!?

　ある実験で、175人の方に「ここ1週間、インターネットで見た情報」を可能な限り思い出してもらいました。その結果、思い出せた数は、なんと平均で3.9個でした。
　1日に20個ほどの情報を見ているとすれば、1週間で140個もの情報に接触しますが、そのうち記憶に残っているのは、たったの4個。情報吸収率は、わずか3%です。
　あなたのインプット術は、なんの成果も生まない「究極の時間の無駄遣い」になってはいないでしょうか?

「日本一アウトプットする精神科医」のインプット術

　私は精神科医の樺沢紫苑と申します。作家として30冊の本を出版しています。「日本一アウトプットする精神科医」といわれる私のアウトプットの一部を紹介しましょう。

メルマガ　毎日発行　14年
Facebook　毎日更新　9年
YouTube　毎日更新　6年
毎日3時間以上の執筆　12年
年2〜3冊の出版　11年連続
新作セミナー　毎月2回以上　10年連続

　そんな私のアウトプットを支えているのが、以下のインプットです。

読書（スキマ時間のみ）　20〜30冊／月
スマホ使用時間　30分以下／日
ネットからの情報収集　15〜20分／日

　実は、インプットにほとんど時間をかけていないのです。
　それでいて、年3冊執筆する本のネタや毎日更新するYouTubeやメルマガのネタ、最新の脳科学情報などを効率よく収集し、周りからは「最新情報にものすごく詳しい人」といわれます。

　それは、最短時間で最大効率のインプット術を行っているからです。

はじめに

　2018年8月に発売した拙著『学びを結果に変える アウトプット大全』は、40万部を超える大ベストセラーとなりました（2019年8月現在）。

　その後書店には「書き方」「話し方」「メモ術」などアウトプット関連の本があふれ、日本中に空前のアウトプット・ブームが巻き起こりました。

　多くの人に、アウトプットの重要性が浸透しましたが、実はインプットとアウトプットは表裏一体であり、車の両輪のような関係です。

　「貧弱なインプット」の人がどれだけアウトプットをがんばっても、「貧弱なアウトプット」しかできません。

　ひとりでも多くの人に、「インプット」を今一度見直し、「アウトプット」で自己成長してほしい。そんな思いから、『アウトプット大全』の発行後、約1年がかりで執筆したのが、この『インプット大全』です。

　私が数万時間を越える経験・検証をもとに確立した、圧倒的に結果が出る「アウトプット力を高めるためのインプット術」。そのすべてを紹介していきます。

　ぜひ本書を読んで、あなたの自己成長を加速していただきたいと思います。

CONTENTS

はじめに ———————————————————— 004
アウトプットとは何か？ ———————————————— 016

CHAPTER1 インプットの基本法則
RULES

インプットは「量」より「質」を重視
「質のいいインプット」が成長曲線を決める ———————— 020

インプットの精度を高めるには
「本当に必要な情報」以外は捨てる勇気を ———————— 022

記憶にとどめて、初めてインプットが成立
情報が脳内を素通りしては意味がない ———————————— 024

インプットの基本法則 1
「なんとなく」読む、聞く、見るのは NG ———————— 026

インプットの基本法則 2
「インプット」と「目標設定」はセットで ─── 028

インプットの基本法則 3
インプットとアウトプットは「表裏一体」 ─── 030

アウトプット前提のインプット術 1
アウトプット前提＝AZ で行こう ─── 032

アウトプット前提のインプット術 2
「AZ」でインプット効果は 100 倍に ─── 034

必要な情報だけを集める方法 1
自分にとって大切な情報を自動的に選別 ─── 036

必要な情報だけを集める方法 2
「自問自答」と「AZ」で感度良好に ─── 038

脳の仕組みを使い、記憶力を高める
喜怒哀楽を伴う出来事は強烈に記憶に残る ─── 040

CHAPTER2 科学的に記憶に残る本の読み方
READ

01 本を読む
読書は学びの最初のステップ ─── 044

02 月に 3 冊読む
「月10冊」より「月3冊＋アウトプット」 ─── 046

03 深く読む
アウトプット前提で「深読」が加速 ─── 048

04 感想を前提に読む
「他人に説明できるレベル」で読む ─── 050

05 本を選ぶ
「ホームラン本」に出会う確率を高める ─── 052

06 ニュートラルに読む
先入観を持たず「素直」でいることが大切 ─── 054

07 バランスよく読む
情報の偏りをなくす「3点読み」 ─── 056

08 効率よく読む
まずは「パラパラ読み」で本の全体像を把握する ———— 058

09 問題解決のために読む
読書の知られざる3つ目の効用 ———— 060

10 小説を読む
「娯楽」の中にある計り知れないメリット ———— 062

11 電子書籍を読む
何冊も持ち歩けて、購入後即確認が可能 ———— 064

CHAPTER3 学びの理解が深まる話の聞き方
LISTEN

12 生で聞く
感情を揺さぶる圧倒的な「非言語情報」 ———— 068

13 最前列で聞く（効率的に聞く1）
学びを最大限にする「最前列」のススメ ———— 070

14 前を向いて聞く（効率的に聞く2）
ノートをとるのは本当に重要なポイントだけ ———— 072

15 目的を持って聞く（効率的に聞く3）
目的を定めてノートに書き出す ———— 074

16 質問を前提に聞く（効率的に聞く4）
「適切な質問ができる人」を目指す ———— 076

17 メモしながら聞く（効率的に聞く5）
集中力を高める「メモ」の効用 ———— 078

18 友人に聞く
プライドを捨て、「横から」教えを乞おう ———— 080

19 耳学する
スキマ時間を極限まで活用した学び ———— 082

20 オーディオブックを聞く
「読書嫌い」「活字嫌い」の人の救世主 ———— 084

21 パートナーの話を聞く
1日30分の「共感」が夫婦円満のコツ ———— 086

22 傾聴する
深いレベルで相手を理解し、共感する ——— 088

23 共感する
相手の気持ちを想像し、無条件に受け入れる ——— 090

24 楽に聴く
「受け止める」のではなく「受け流す」 ——— 092

25 英語を聞く
リスニング力は「表裏一体ノウハウ」で向上 ——— 094

26 音楽を聴く1
音楽を聴くなら「勉強中」より「勉強前」に ——— 096

27 自然音を聞く
作業効率を高めてくれる「少しの雑音」 ——— 098

28 音楽を聴く2
「作業」「運動」をするときに聴くと絶大な効果 ——— 100

29 音楽を聴く3
適切な曲の選択で気分をコントロール ——— 102

CHAPTER4 すべてを自己成長に変えるものの見方
WATCH

30 観察する
相手の心をとらえ、変化や流行にも敏感に ——— 106

31 観察力を磨く
「観察＋なぜ？」の繰り返しでトレーニング ——— 110

32 表情を読む
一瞬で相手の真意がわかる「リトマス法」 ——— 114

33 見直す
2週間に3回以上のインプットで記憶が定着 ——— 116

34 メモを見直す
アイデアを大きく育てる「メモの整理」 ——— 118

35 テレビを見る1
「ただの娯楽」を「貴重なインプット源」に ——— 120

36 テレビを見る 2
テレビを自己成長の味方にする魔法の時間術 ——— 124

37 映画を観る
大画面の中に気付きがある「人生の教科書」 ——— 126

38 ライブを観る
生だからこそ味わえる「感動体験」 ——— 130

39 美術鑑賞する 1
ビジネススキル、創造性を磨く「アート」 ——— 132

40 美術鑑賞する 2
音声ガイドを聞いて、作品を深く知ろう ——— 136

41 自然の風景を見る
昼休みを公園で過ごして活力アップ ——— 138

42 見ない
「見る」「読む」から脳を解放する ——— 140

CHAPTER5 最短で最大効率のインターネット活用術
INTERNET

43 バランスを整える
情報と知識の最適バランスは3：7以下 ——— 144

44 メールを使う
「サブ」の仕事、メールとうまく付き合う ——— 146

45 情報を見極める
「本当に正しいのか」という視点を常に持つ ——— 150

46 キュレーターをフォローする
「専門家」が発信する正しい情報を受け取る ——— 152

47 情報を宅配便化する
「自分に必要な情報」だけ届く仕組みづくり ——— 154

48 検索する
必要な情報に最短でたどり着くコツ ——— 158

49 高度に検索する
情報上級者向けのネット使いこなし術 ——— 162

50 ストックする
ウェブ上の情報は「PDFファイル」で保存 ―― 166

51 シェアする
人に感謝され自己成長にもなるアウトプット ―― 168

52 画像でメモする
写真をメモ代わりにしてデジタル管理する ―― 170

53 動画を活用する
「娯楽」以外にも無限の可能性が ―― 172

54 雑誌を読む
最新トレンドに関する知識を安価で入手 ―― 176

55 ニュースを読む
ニュースの8割は自分にとって不要 ―― 178

56 制限する
スマホやSNSは「1日1時間以内」が理想 ―― 180

57 （スマホ利用を）適正化する
自殺の可能性さえ高める過度なスマホ利用 ―― 182

CHAPTER6 あらゆる能力を引き出す最強の学び方
LEARN

58 人と会う
「100人と1回」より「10人と10回」 ―― 188

59 コミュニティに参加する
自分と気の合う人たちと出会える場 ―― 192

60 1対1で学ぶ
「相手から好かれる」ことで学びを最大に ―― 194

61 メンターに学ぶ1
「そうなりたい人」を徹底的に真似る ―― 198

62 メンターに学ぶ2
「すごい！」と思った人には直接会いに行く ―― 200

63 自分を知る
自分と向き合い、自己洞察力を高める ―― 202

64 病気から学ぶ
病気は気付きを与えてくれる「警告サイン」 ──── 204

65 歴史から学ぶ
成功と失敗の宝庫から得られる圧倒的な学び ──── 206

66 検定を受ける
楽しみながらできる最強の脳トレ ──── 208

67 資格をとる
カギとなるのは「資格」よりも「資質」 ──── 210

68 語学を学ぶ
鍛えるべきは「外国人と仲よくなる力」 ──── 212

69 心理学を学ぶ
非常にタフな「心理カウンセラー」の仕事 ──── 214

70 大学院に行く
行くならば「大変さ」を覚悟して ──── 216

71 遊ぶ
自己成長につながる「能動的娯楽」 ──── 218

72 上手に遊ぶ
遊びの予定も「書く」ことで実行に近付く ──── 220

73 旅に出る
視野が広がり、多くの感動が人生を変える ──── 222

74 国内を旅する
「電車で30分」の駅にも気付きがある ──── 224

75 海外を旅する
海外旅行を励みにすると、仕事にも熱が入る ──── 226

76 食べる
幸せになるための最も簡単な方法 ──── 230

77 おいしい店で食べる
「得点」に惑わされない名店の見つけ方 ──── 232

78 お酒を飲む 1
適量は「1日ビール1杯＋週2回の休肝日」 ──── 234

79 お酒を飲む 2
「寝る前に飲むお酒」は睡眠障害の原因に ──── 236

80 料理を習う
脳が活性化し、段取り力のトレーニングにも ― 238

CHAPTER7 インプット力を飛躍させる方法〈応用編〉
ADVANCED

精緻化して覚える
誰もがやった「語呂合わせ」は最強の記憶術 ― 242

インプット直後にアウトプットする
「直後」の「想起練習」が記憶を増強 ― 246

脳内情報図書館を構築する
目標達成を実現する「マンダラチャート」 ― 248

学びを欲張らない
「3つの気付き」を得られれば十分 ― 252

学びを欲張る
無限に学びを得ることができる「3+3」法 ― 254

寝る前を活用する
寝る前15分は「記憶のゴールデンタイム」 ― 256

記憶力をよくする
「週2時間以上の運動」で記憶力アップ ― 258

運動しながらする
脳科学的に唯一OKの「ながら」インプット ― 260

休憩する
休憩時間こそ立ち上がり、運動をする ― 262

移動する
「場所ニューロン」の活性化で記憶力アップ ― 264

備える
今のインプットの効果は10年後に実感できる ― 266

おわりに ― 268
参考・引用図書 ― 271
著者プロフィール ― 272

アウトプットとは何か?

4つの基本法則をざっくりおさらい

『アウトプット大全』は、日本で初めてアウトプットに特化した、いわば「アウトプットの百科事典」。続編である『インプット大全』の本編に入る前に、改めてアウトプットの基本知識について振り返ります。

アウトプットの基本法則①

2週間に3回使った情報は、長期記憶される

インプットからの2週間で何度も使われた情報は、「重要な情報」として「側頭葉」の長期記憶に保存されます。目安としては、「2週間に3回以上アウトプット」すると、長期記憶として残りやすくなります。

アウトプットの基本法則②

出力と入力のサイクル「成長の螺旋階段」

螺旋階段を上るように、インプットとアウトプットをどんどん繰り返す。これこそが、究極の勉強法、学習法であり、「自己成長の法則」です。

アウトプットの基本法則③

インプットとアウトプットの黄金比は3:7

コロンビア大学の心理学者アーサー・ゲイツ博士のある実験。100人以上の子どもたちに人物プロフィールを暗唱させるときに、覚える時間(インプット)と練習する時間(アウトプット)の割合を変えたところ、最も高い結果を出したのは、インプットとアウトプットが3対7のグループでした。

アウトプットの基本法則④

アウトプットの結果を見直し、次にいかす

自己成長するにあたり絶対に欠かせないプロセス、それは「フィードバック」。これは、アウトプットの結果を評価し、その結果を踏まえて次のインプットに修正を加えるという作業です。見直しや反省、改善、方向修正、微調整、原因究明などを一緒に行うようにしましょう。

自己成長の螺旋階段を上る

黄金比率「インプット3」:「アウトプット7」を意識して、サイクルをどんどん回すことで自己成長が加速します。

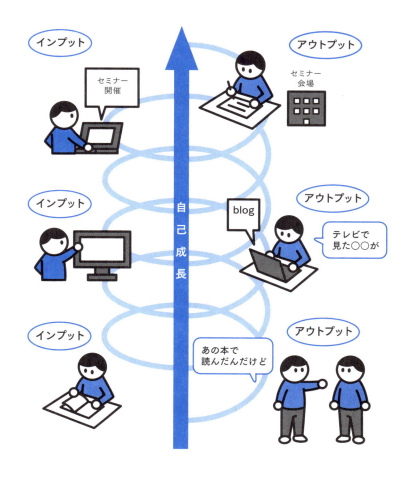

THE POWER OF
INPUT

CHAPTER1

インプットの基本法則

RULES

CHAPTER1 RULES

インプットは「量」より「質」を重視
Quality over Quantity

「質のいいインプット」が成長曲線を決める

インプットにおいて、「量」と「質」のどちらが大切でしょうか。
答えは「質」です。しかし、ほとんどの人は、「質」はそっちのけで、「量」を目指しています。それが、あなたが自己成長できない理由のひとつかもしれません。

書店に行くと、「読書をしたらアウトプットをしよう」という「アウトプット読書術」の本が増えているものの、「速読」「多読」をすすめる昔ながらの読書術の本が、依然としてたくさん出ています。

つまり、インプットの量を求めたい人がまだまだ多いということ。「たくさん読めば、自己成長できる」という間違った幻想に支配されている人が多いのです。

質問を変えましょう。
次のうち、自己成長するのはどちらでしょうか？
A　月にホームラン本を1冊読む人
B　月に三振本を10冊読む人

ホームラン本とは、非常に気付きと学びが多い、座右の書にしたい密度の高い本。三振本とは、たいした学びが得られない内容の薄いハズレ本です。

答えはAです。
内容の薄い三振本をたくさん読むよりも、本当に自分にとって必要で、「気付き」や「TO DO（すべきこと）」をたくさん得られるホームラン本を1冊しっかりと読み込んだほうが、自己成長は大きいのです。必要とする時間も、「ホームラン本を1冊読む」ほうが、はるかに少なくて効率がいいのです。

もうひとつ質問です。
次のうち、より自己成長するのはどちらでしょう？
A　月にホームラン本を1冊読む人
B　月にホームラン本を3冊読む人

答えは、Bです。
「内容が濃い本」であるならば、当然ながらよりたくさん読んだほうが、より多くの学びを得て、成長も大きいのです。つまり、インプットは「質」が先で、「量」はあとです。
やみくもに「量」だけインプットしても自己成長にはつながりません。まず「質」を確保し、そのうえで量を増やしていくようにしましょう。「質」の低いインプットは、意味がありません。

どちらが成長しますか？

質と量、大切なのは？

**インプットするなら、
質を確保してから、量を目指せ。**

CHAPTER1 RULES

インプットの精度を高めるには
How to Improve the Quality of Input

「本当に必要な情報」以外は捨てる勇気を

　ここ1週間にネットで見たニュース、情報、ブログを覚えている限りたくさん書き出してください。制限時間は1分間です。

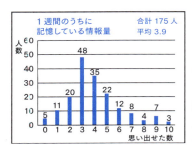

　さて、何個のニュース、情報を思い出せましたか？ 「はじめに」で触れた通り、この課題を私のセミナー参加者175人に対して行ったところ「思い出せた数」の平均は3.9個。最も多い人で10個。3個以下の人が、全体の約半分を占めていました。

　私たちはスマホやパソコンを使い、ネットから毎日多くの情報を得ています。1日30分で20個の情報を見ているとすれば、1週間で140個もの情報に接触している。しかし、そのうち記憶に残っているのは、たったの4個。情報吸収率は、わずか3％です。

　休み時間になればすぐにスマホを開き、最新情報をチェックするという人も多いでしょう。しかし、たったの1週間でその97％を忘れてしまうのです。

　インプットは「質」が重要ですが、世の中の多くの人は質の低いインプットをしていて、結果、そのほとんどを忘れています。

　前項で「インプットの質を高めよう」といいましたが、インプットの質を高めることを本書では「インプットの精度を高める」と表現します。ダーツの中心を狙うイメージをしてもらうと、わかりやすいと思います。

　ほとんどの人は、情報の選別をしません。つまり、ダーツの的

を見ないでダーツの矢を投げている。ですから、あたるはずがないのです。

　自分にとって「本当に必要な情報・知識」に狙いを定めて、ピンポイントで集めることで、時間を短縮でき、アウトプットも効率的に行えるようになります。情報を選択し、仕分けしましょう。
　そもそも「必要のない情報」は、「見ない」「接触しない」、つまり情報を「捨てる」努力が必須なのです。
　本書では、「アンテナを立てる」「情報宅配便の構築」「情報図書館の構築」など、「インプットの精度」を極限まで高める方法をお伝えしていきます。
　しっかり実践していただければ、あなたの3％ほどの情報吸収率が、90％以上に高まるはずです。つまり、インプット効率を30倍以上に高めることが可能なのです。
　結果として、ほとんど時間をかけずに、自分にとって必要な情報だけを集め、それでいて記憶に残すことが可能になります。その結果、短時間で爆発的に自己成長することができるのです。

インプットする前に狙いを定めよう

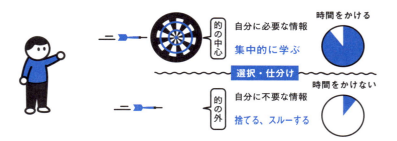

 スマホチェックは時間の無駄。的を絞って情報収集をしよう。

CHAPTER1 RULES

記憶にとどめて、初めてインプットが成立
Input Must be Remembered in order to Matter

情報が脳内を素通りしては意味がない

　私は病院で新しい薬を処方する場合、患者さんに薬の説明をします。薬の飲み方、効果発現までの期間、そしてよくある副作用などについて10分ほど説明したあと、きちんと理解しているかどうかの確認のため、こう聞きます。

樺沢「わかりましたか？」
患者さん「はい」
樺沢「では、今説明したことを、話してもらえますか」
患者さん「……」

　この瞬間、ほとんどの患者さんは無言になります。10分間聞いていた内容を、何ひとつ思い出せないのです。メモをとりながら聞いている患者さんは、多少いえる場合もありますが、多くの患者さんは聞いているようで、医師の説明をほとんど覚えていないのです。
　医師の前で緊張している、病気についての不安で頭がいっぱいになっているなど理由はいろいろあるでしょうが、重要な説明を覚えていないのでは、治る病気も治りません。
　このように、人の話を聞いていても、まったく記憶に残っていないということはよくあります。

　学校の授業もそうでしょう。50分の授業を受けて、終了後「今聞いた内容を説明してみて」といわれて、すぐに説明できる人はほとんどいないでしょう。
　いわゆる「右の耳から入って、左の耳から抜けていく」という現象です。まったく内容を覚えていない状態。これを「インプット」といえるでしょうか？

インプットとは、「情報の入力」。脳の中に情報が入って、とどまっていなければ、「入力（インプット）」でないのです。

ただの情報の素通り。「ただ聞くだけ」では、まったく記憶に残りません。水がザルをすり抜けていくように、情報が脳をすり抜けていく。そんな聞き方を私は「ザル聞き」と呼んでいます。あなたのパソコンに保存したと思っていたファイル。実際は保存されていなかったら、それはインプットといえません。

インプットとは、脳の中に情報が入って（IN する）、情報が置かれる（PUT する）。情報がインして、プットして、初めて「インプット」といえます。

つまり、人の話を何時間聞いても、記憶にとどまっていなければなんの意味もないのです。

本物のインプットとは？

偽物のインプット

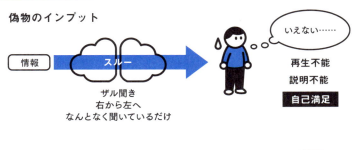

本物のインプット

 情報を入れて（IN）、とどめて（PUT）
本物の INPUT を。

CHAPTER1 RULES

インプットの基本法則 1
The Basic Rules of Input 1

「なんとなく」読む、聞く、見るのはNG

インプットとアウトプットの定義をいえますか?

インプットは、「読む」「聞く」。アウトプットは、「話す」「書く」「行動する」。即答できたあなたは、『アウトプット大全』の内容をしっかりと理解できているといえます。

『アウトプット大全』以後、アウトプットに関する本が山ほど出ましたが、ほとんどの本が"アウトプットは「話す」「書く」「行動する」ことである"という『アウトプット大全』の定義を採用しています。

さて、ではインプットの定義はどうでしょう。基本的には、インプットは「読む」「聞く」こと。さらに「見る」というのも含めていいでしょう。

"インプットとは、「読む」「聞く」「見る」ことである"。行為としては正しいといえるでしょう。しかし、授業を50分聞いて、

インプットを再定義する

	偽物のインプット	本物のインプット
読む	なんとなく読む read ザル読み	深く読む 精読 read carefully 深読 read deeply
聞く	なんとなく聞く hear ザル聞き	注意して聞く 傾聴 listen attentively
見る	なんとなく見る see ザル見	注意して見る look 観察する watch

その内容をまったく覚えていなければ、脳に情報が入力されていないので、インプットとはいえません。それは、「ザル聞き」であり「偽物のインプット」です。

つまり、**"「読む」「聞く」「見る」ことによって、情報を得て、それを記憶にとどめる"ことがインプットの定義**となります。

「なんとなく読む」のではなく**「注意深く読む」**。意識して読む。ザル読みではなく「精読」「深読（議論できる水準で深く読む）」。

「なんとなく聞く」のではなく、**「注意深く聞く」**。ザル聞きではなく、内容を理解しながら、意識してしっかりと聞く。あるいは「傾聴」。英語でいえば、「hear」よりも「listen」のイメージ。

「なんとなく見る」のではなく、**「注意深く観察する」**。結果として、細かい部分を意識して観察して記憶にとどめる。英語でいえば、「see」（眺める）よりも「look」（注目する）、「watch」（観察する）のイメージです。

残念ながら、ほとんどの人は、ザル読み、ザル聞き、ザル見になっています。注意深く意識をして、情報を脳にインプットしていきましょう。

「なんとなく」はNG

ザル読み　　　ザル聞き　　　ザル見

まずは、人の話を聞き流すのをやめて、注意深く聞いてみよう。

CHAPTER1 RULES インプットの基本法則 2
The Basic Rules of Input 2

「インプット」と「目標設定」はセットで

「なぜ英語を勉強しているのですか？」。最近、英語の勉強を始めたというAさんに、私は質問しました。

Aさんはこういいました。「将来役に立つかもしれないから」。

実は、これはいちばんやってはいけないインプット術です。

インプットの目標があいまい。どこに向かっていいかわからない。これでは、インプットの精度が悪く、まったく自己成長が期待できないのです。

勉強する場合、本を読む場合、講座を受講する場合。何か学んだり、インプットしたりするときは、必ず「方向性」と「ゴール」を設定してください。たった10秒のワークですが、インプットの精度が飛躍的に高まります。

たとえば、英語の勉強をする場合、「なぜ英語の勉強をするのか」を考えましょう。

「留学に行きたい！」とするならば、「英語」がメインのキーワード、「留学」が方向性を示すキーワードになります。そのうえで、結果としてどうなりたいのか？ と、ゴールをもっと明確に決めます。

「ワーキング・ホリデーでオーストラリアに行きたい！」。具体的でいいですね。そのために必要な語学力はどのくらいでしょう。「TOEIC®450点」あれば、なんとかなりそうです。それは、いつまで？「2021年4月まで」。期限まで決めなくてはいけません。

ここまで、具体的に方向性が決まれば、「どんなテキストを買ってきて」「週に何時間勉強が必要なのか」、具体的な勉強法が見えてきます。

「将来役に立つかもしれないから」で英語を学んでいる人は、「どこまで上達したいのか？」「実際、どんな場面で英語を使うのか？」

などがまったく見えていないので、自分にピッタリのテキストや勉強法を選ぶことすらできないのです。

「インプット」と「目標設定」は、必ずペアで行ってください。

記入するだけで、あなたの「方向性」「ゴール」「期限」が明確になる「ゴール決定シート」をつくりました。

PDF版（挟み込みチラシの「読者限定無料プレゼント」）をダウンロードして印刷し、ペンで記入して、机の前にでも貼っておくと、モチベーションも上がり、あなたのゴールが達成できます。

インプットの前に
「なんのためにするのか」を10秒間考えよう。

CHAPTER1 RULES インプットの基本法則3
The Basic Rules of Input 3

インプットとアウトプットは「表裏一体」

　インプット→アウトプット→フィードバックを繰り返すと自己成長できる。これは、『アウトプット大全』の最も重要なポイントともいえる「自己成長の法則」です。しかし、実際問題として、**インプットとアウトプットは同時進行で処理されている**場合が多いのです。

　たとえば、テニスの試合。ボールと相手の動きを見ながら、相手の次の動きを予測して、足は常に動いています。つまり、情報を得る=インプットと、行動する=アウトプットを同時に行っているのです。ボールの位置を確認してから、足を動かし始めたのでは、ボールの動きにまったくついていけないでしょう。

　日常の会話も同様です。「聞く」はインプットで、「話す」はアウトプット。それが完全に交互に行われているのかというと、そうではありません。聞きながら、次に話すことは頭の中に浮かんでいる。実際は、「聞く」と「話す」をほぼ同時処理しているのです。

　メモをとりながら話を聞くのもそうです。相手の話が一段落してから、メモをとり始めるわけではありません。「聞く」（インプット）と「書く」（アウトプット）を同時に行っています。

インプットとアウトプットは表裏一体

このように、インプットとアウトプットは、別々のアクションではなく、実際ほぼ同時進行で、同時処理されることが多い。つまり、**インプットとアウトプットは「表裏一体」**といえるのです。

　いうなれば、500円硬貨の表がインプットで、裏がアウトプット。250円を支払うのに、コインの表面をはがして支払うことはできません。同様に、インプットとアウトプットは、切っても切り離せないものである、と認識してください。

　そして、インプットとアウトプットの「表裏一体」の特徴を活用すること、つまりインプットとアウトプットを同時に行うことで、**より記憶にとどめ学びの効率を高めることが可能**となります。

同時進行で学びの質を高める

会話

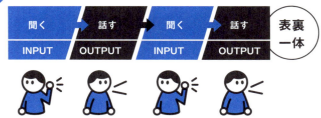

メモをとる

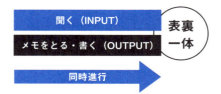

 どちらかだけに集中せず
同時処理を意識しよう。

CHAPTER1 RULES アウトプット前提のインプット術 1
How to Input in order to Achieve Output 1

アウトプット前提＝AZで行こう

　「何度もアウトプットする暇がない」という人は多いはずです。簡単にインプットの精度を高める、裏技的な方法はないのでしょうか？

　インプットしたら、2週間で3回以上アウトプットしよう。そうすると、インプットした内容がしっかりと記憶に残る。それが脳の基本的な仕組みであると、『アウトプット大全』に書きました。

　実は、何度もアウトプットしなくても、一発のインプットで記憶に残す、そんな超裏技のインプット術があります。それは、「アウトプット前提でインプットを行う」ということです。私は、アウトプット前提、略して「AZ」と呼んでいます。

　ロンドン大学の興味深い研究を紹介します。あるものを暗記してもらう実験で、最初のグループには、「これが終わったあとにテストをしますので、暗記してください」といいます。もうひとつのグループには、「これが終わったあとに他の人に教えてもらいますので、ちゃんと記憶しておいてください」といいます。

　同じ時間をかけて暗記してもらい、両方のグループに同じテストをしました。結局、「教える」ことはしませんでしたが、「教えてもらいます」と伝えたグループのほうが高い得点をとったのです。

　「テストをする」も「教える」も、両方ともアウトプットですが、「教える」ほうが圧倒的に心理的プレッシャーの大きいアウトプットです。心理的プレッシャーがかかるアウトプットを前提にするだけで、実際にそれをやらなかったとしても、脳は活性化し、より記憶力はアップし、学びの効果が上がるのです。

　「アウトプット前提」の具体例をもうひとつ。たとえば、海外

出張。あなたは、ニューヨークへ視察に行くことになりました。「やったー！ 仕事で海外に行ける。思いっきり遊んでこよう」と思うでしょう。

もし上司にこういわれたらどうでしょう。「帰ってきたら、全社員100人の前で、1時間の視察報告会をしてください」。そうなるとただ遊んでいる暇はありません。

プレゼンで使うための写真を撮り、関係者のインタビューもしっかり行い、メモもとる。資料も集めてくる。報告会を前提にするからこそ、圧倒的に細かい部分まで意識的に記憶に残そうとするし、実際に記憶に残るのです。

なぜ、「アウトプット前提」にすると、記憶に残りやすくなるのでしょう？ それは、**心理的プレッシャーがかかり緊張状態に陥ると、脳内物質ノルアドレナリンが分泌**されるからです。ノルアドレナリンが分泌されると、**集中力が高まり、記憶力、思考力、判断力が高まります**。

アウトプットを前提にインプットする。ただそれだけで、圧倒的に記憶に残りやすくなるのです。

アウトプット前提＝AZが脳を活性化

心理的プレッシャーでノルアドレナリンが分泌され、集中力や記憶力が高まる

 ブログやSNSなどの「アウトプットネタ」探しを前提にしよう。

アウトプット前提のインプット術 2
How to Input in order to Achieve Output 2

CHAPTER1 RULES

「AZ」でインプット効果は100倍に

　昨日、美術展に行ったという人に、「その美術展、どうでした？」と聞くと、「とてもよかったです！」といいました。「具体的にどこが？」と聞くと、「いろいろ、よかった。すごく感動しました！」といいました。2時間の美術鑑賞をして、出てきたアウトプット量は、たったの「3秒」です。

　アウトプットできた量がインプット量に相当するので、その人のインプット量はたったの「3秒」分しかなかった、ということになります。

　美術展に行った翌日にアウトプットできないのですから、1カ月もすれば何も残りません。あまりにも寂しい、貧弱なインプットです。

　そんな貧弱なインプットも、「AZ」（アウトプット前提）にすることで、一瞬で100倍にすることができます。

　私が主催する勉強会「樺沢塾」では、定期的に「樺沢と一緒に美術館に行く会」というのを開催しています。今まで、「ムンク展」「ゴッホ展」「ブリューゲル展」など6回以上行っています。指定された美術展を各自、自分のペースで鑑賞して、集合時間に美術館の出口で待ち合わせます。合流後、食事をしながらのシェア会を行い、各自の感想を述べ合うのです。

　「ムンク展－共鳴する魂の叫び」（東京都美術館）に樺沢塾で行ったときの話です。参加者11人のシェア会で「それでは、ひとりずつ感想を述べてください」と順番に話を聞いていくと、みなさん話す、話す。

　ひとり3〜5分も話すものですから、「一言感想」だけで、なんと40分近くもかかってしまったのです。さらに主催者の私は、「ムンクの精神医学」について15分ほど話しました。

なぜ、樺沢塾の塾生は、5分も感想を話せるのか？ それは、常に「AZ」を意識しているからです。この日も、「シェア会で自分の感想を発表する」ことは事前に知らされていました。

ですから、「自分の気付きをシェア会で発表するために、何か自分らしい発見をしないと」という軽いプレッシャーの中、絵画を鑑賞していたのです。

ボーッと見るのではなく、「何かを発見しよう！」と意識し、注意力、集中力を高めた状態で作品を鑑賞する。それによって、「膨大な情報」と「気付き」が得られる。1分しか話せなかったという人は誰もいませんでした。参加者全員が、雄弁に感想を話せたことから、参加者の100％に「AZ」の効果が認められたのです。

5分というと、300秒です。3秒の100倍。つまり、「ボーッと見る」「なんとなく見る」のと比べて「AZ」（アウトプット前提）を意識するだけで、インプット量は100倍にも増えるといえます。

目標設定の有無でインプットの量が変わる

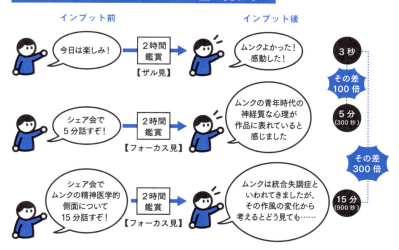

**芸術を鑑賞したら
SNSで必ず感想をシェアしよう。**

CHAPTER1 RULES

必要な情報だけを集める方法 1
How to Collect Only Necessary Information 1

自分にとって大切な情報を自動的に選別

あなたが興味、関心のあるものを 3 つ挙げてください。

この問いに一瞬で答えられたあなたは、興味・関心のアンテナが立っています。すでに上手なインプット術を行っているといえるでしょう。

答えるのに 10 秒以上かかった方は、まだ「ザル読み、ザル聞き、ザル見」の世界の住人かもしれません。

私にとって、最も興味・関心のあるテーマは「精神医学」「心理学」「脳科学」の 3 つです。

毎日、ネットで膨大なニュースが流れますが、「芸能人のゴシップ」や「経済動向」などはまったく目がいかないのに、「精神医学」「心理学」「脳科学」に関するニュースや記事には、一瞬で目がいきます。

書店に行って何千冊と本が並んでいても、「精神医学」「心理学」「脳科学」に関する新刊は一瞬で見つけることができます。それは、興味・関心のアンテナが立っているからです。

パーティー会場のようなザワザワと騒がしい中でも、自分の名前や、自分の興味があるキーワードを自然に聞きとることができ

カクテル・パーティー効果

喧騒の中でも自分の名前はわかる

る現象を「カクテル・パーティー効果」といいます。

なぜ、喧騒の中でも、自分の興味のあるキーワードに反応できるのかというと、それは「選択的注意」というフィルターが脳の中に存在するからです。

自分の興味・関心のある情報に選択的に注意を向け、優先して短期記憶、長期記憶に残そうとするフィルターが「選択的注意」です。「選択的注意」というと難しいので、本書では「興味・関心のアンテナ」と呼びます。

自分の「興味・関心のアンテナ」を立てるだけで、脳は膨大に流れてくる情報の中から全自動で必要な情報をピックアップしてくれるのです。

興味・関心のアンテナを立てよう

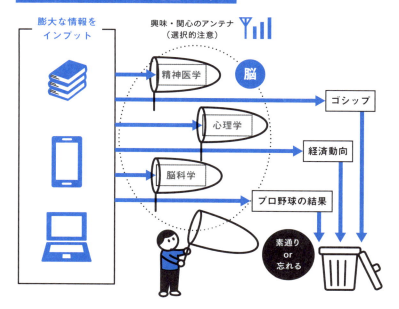

 自分が興味・関心のある分野を
3つ挙げられるようにしよう。

必要な情報だけを集める方法 2
How to Collect Only Necessary Information 2

「自問自答」と「AZ」で感度良好に

　「興味・関心のアンテナ」を立てることで、脳は勝手に自分に必要な情報を集めてきます。では、具体的にどうすれば「興味・関心のアンテナ」を立てることができるのでしょうか？　アンテナを立てるための4つの方法をお伝えします。

(1) 興味・関心のあるキーワードを書き出す

　たとえば私の場合、「精神医学」「心理学」「脳科学」以外にも、「予防」「運動」「睡眠」「AI時代」「ウイスキー」「映画」「グルメ」などにも関心があります。これらのキーワードをすべて書き出しておいて、一覧にしてときどき眺めるようにしています。

　キーワードを視覚化することで、「興味・関心のアンテナ」がバッチリ立つようになります。この「キーワードの視覚化」の具体的な方法については、248ページで詳しく解説します。

(2) 目的、テーマを明確にする

　あなたがインプットすることで何を学びたいか目標を決めると、それに関する情報が優先的に脳に入ってきて、その目標を達成することができます。

　たとえば、私がムンク展を見る前には「ムンクが『叫び』を描いたときの精神状態は？　ムンクは本当に精神病だったのか？」といった課題設定をして、美術展を鑑賞しました。そうすると、当然そういう部分が重点的に目に入ってくるのです。

(3) 自分で自分に質問する

　「質問」は、アンテナを立てるための最も簡単な方法といえます。
　たとえば「自分の短所は何か？」と自分で自分に質問します。「コミュニケーションが下手」と答えたならば、「コミュニケーショ

ンを上達させる方法」はないのか？　とアンテナが立ちます。
　脳は「質問」されると、その「答え」を探そうとするのです。

（4）アウトプット前提にする

　「本を読んだらブログに感想を書く」→「ブログのネタになりそうな気付きを発見しよう」

　「ムンク展のあとに、5分の発表がある」→「絵画の中から、自分なりの気付きを見つけよう」

　AZを意識すれば、「アウトプットして恥ずかしくない情報をしっかり集めよう！」と、情報収集モードに脳は切り替わるのです。つまり、「AZ」は「興味・関心のアンテナ」を立てるための、究極の方法といえます。

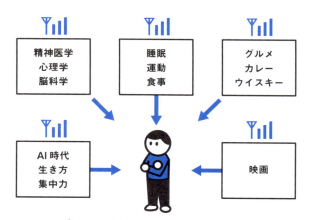

自分の興味・関心のアンテナを書き出す

必要な情報が勝手に集まる

 **自分で自分にインタビューして
アンテナの方向性を明確にしよう。**

脳の仕組みを使い、記憶力を高める
Improve Your Memory by Using Neural Mechanisms

喜怒哀楽を伴う出来事は強烈に記憶に残る

1カ月前の今日、あなたは、どこで、誰とどんなごはんを食べましたか？ 即答できる人は、まずいないと思います。

では、去年の年越し。12月31日、誰とどこにいて、何を食べましたか？ たぶん、答えられたと思います。

1カ月前のことは覚えていないのに、それより昔のことをなぜ詳しく覚えていたのでしょう？ それは、楽しかったからです。

「インプットをしたら2週間以内に3回アウトプットしないと記憶に残らない」といいましたが、実は例外があります。

感情が刺激されるような、喜怒哀楽が伴う記憶は、アウトプットしなくても、復習しなくても、圧倒的に鮮明に記憶に残るのです。

学校の教科書を1回読んでもほとんど記憶に残らないのに、大好きな漫画はたった1回しか読んでいないのに、何年経っても詳

喜怒哀楽は記憶を増強する

脳内物質	感情	実例
アドレナリン	恐怖、怒り	ホラー映画の恐怖が忘れられない
ノルアドレナリン	悲しい、緊張、不安	愛犬の死の悲しみ。1年経っても忘れられない
ドーパミン	楽しい、うれしい	20年前の結婚式。細かいところまで覚えている
エンドルフィン	感謝、楽しい	高校生のとき県大会で優勝！よく覚えている
オキシトシン	愛、親切	昔の恋人のことが何年も忘れられない

細にストーリーを覚えています。不思議ではありませんか？

　30年以上前に読んだ『北斗の拳』。1回しか読んでいなくても、いまだに詳しくストーリーを覚えています。それは、『北斗の拳』を読むと、楽しく、ワクワクし、血沸き肉躍り、興奮するからです。間違いなくドーパミンやアドレナリンといった脳内物質が出ています。

　アドレナリン、ノルアドレナリン、ドーパミン、エンドルフィン、オキシトシンといった、喜怒哀楽に伴って分泌される脳内物質には、記憶を増強する作用があるのです。

　何年前のことだったとしても、結婚式の様子を詳細に覚えているのは、そのときに「幸福物質」のドーパミンが出ていたから。ホラー映画の恐怖を忘れられないのは、恐怖と不安でアドレナリンやノルアドレナリンが出ていたからです。

　感情を刺激し、喜怒哀楽が伴う出来事は、強烈に記憶に残る。この脳の仕組みを活用した「感情刺激アウトプット術」を7つ紹介しておきます。

感情刺激アウトプット術

❶ ストーリーを活用する（漫画化、小説化されたビジネス書を読む）。

❷ 好奇心を大切にする。ワクワクすることを勉強する。

❸ 本を買ったらすぐに読む。「読みたい！」という気持ちが強いうちに読む。

❹ 「わからない！」と思った瞬間に検索する。

❺ 大舞台で講演する（「緊張」「興奮」「教える」で記憶増強）。

❻ 映画、美術鑑賞など、「感動」「学び」と連動させる。

❼ 旅行（緊張、興奮、感動）から学ぶ。

 好奇心の赴くままに新しいことにチャレンジしてみよう。

THE POWER OF
INPUT

CHAPTER2
科学的に記憶に残る
本の読み方

READ

01 本を読む
Read a Book

読書は学びの最初のステップ

　これは、実際にあったやりとりです。

Aさん「20万円、3カ月の心理学講座を受講したいのですが、どう思いますか?」
樺沢「今まで、どんな心理学の本を読みましたか?」
Aさん「心理学の本は1冊も読んだことはありませんが、昔から心理学を本格的に勉強したいと思っていたのです」
樺沢「ではまず、心理学の本を1冊、読んでみてはどうですか?」

　心理学の本を1冊も読んでない人が、いきなり高額な心理学講座を受講すると、だいたい「自分が学びたかった心理学とは違う」とか「難し過ぎてついていけない」、場合によっては「だまされた!」といい出します。20万円は丸損で、時間もお金も失います。
　まず、本を何冊か読んで心理学の基本を学び、その中で「特にアドラー心理学について深く学びたい」といった方向性が見えてきたならば、講座やセミナーで高いお金を出してさらに深く学ぶのはありだと思います。

　学びには、ステップがあります。このステップを順番に上っていくとインプットの効率はよく、いきなり高度な学びをしようとするとインプット効率は悪くなります。それどころか、何も身につかずにお金と時間を失ってしまいます。
　たとえば、英会話を勉強する場合。英会話の本を何冊か読んでみる。次に、スマホの英会話の音声アプリやYouTubeの英会話チャンネルで勉強してみる。さらに、英会話学校のグループレッスンを受ける。片言で話せるようになったら、英会話のマンツーマンのレッスンを受ける、といった具合にステップアップしていくと

いいのです。
　仮に「apple　りんご」の意味を知らない人が、60分1万円の個人レッスンを受けたとしても、実践的な英会話以前のことを習うだけで時間が過ぎてしまい、もったいないのです。

　段階的に学ばない人は、お金と時間を失うだけで、まったく成長がついていかない。非常に遠回りで無駄が多い。「学びのステップ」を把握して、段階的に学ぶことで、最短、最速でコスパよく自己成長することができます。
　ということで、「本を読む」ことは学びの最初のステップになりますので、本章ではまず「読む」に関するインプット技術をお伝えします。

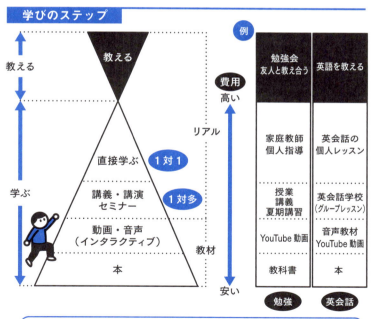

 学びたいことがあったら
まずは1冊、本を買ってみよう。

CHAPTER2 READ

02 月に3冊読む
Read Three Books Each Month

「月10冊」より「月3冊＋アウトプット」

　読書について話すと「月に何冊くらい読めばいいですか？」という、読書量についての質問が必ず出ます。

　では、質問です。月10冊読んでほとんどアウトプットしない人。月3冊読んで、3冊をきちんとアウトプットする人。どちらが成長するでしょう？

　アウトプットをしないと、記憶に残りません。半年、1年するとほとんど忘れてしまいます。それでは、読んだ意味がありません。アウトプットの伴わない「インプットだけ読書」で10冊、100冊読んでも、なんの意味もない。いや、時間とお金はたっぷりかかるので、むしろ「マイナス」です。

　『アウトプット大全』以後、アウトプットの重要性を訴える本が増えていますが、依然として「速読」「多読」などのインプットの「量」を強調する本も多く、それに飛びつく人も多い。

　「速読＋アウトプット」「多読＋アウトプット」と、きちんとインプットとアウトプットを組み合わせて、表裏一体にすればよいのですが、月に10冊本を読んで、10冊きちんとアウトプットす

どちらが成長しますか？

月3冊読んで
3冊アウトプットする人

あの本が
おもしろかったよ！
内容は……

月10冊読んで
1冊もアウトプットしない人

……。

→ 自己成長が加速　　　→ インプットの無駄

ることは、忙しいビジネスマンには非常に難しいと思います。

ですから、1冊読んだら1冊しっかりアウトプットする。まずは、「気付き」や「TO DO」を書く。感想を書く。読んだ内容を家族、職場の同僚や部下、友人に話す。TO DOや本の内容を実際に実践してみる。人に教える機会があれば教えていく。そうしたアウトプットを通して、本の内容が「身につく」のです。

そして、ある程度身についたら次の本に進むべきです。1冊読んで、1冊ごとにこれだけ濃いアウトプットをするとすれば、月に10冊読むのは無理なので、月に3冊をしっかりと読んでほしいのです。

次から次へと読むのではなく、1冊読んだら、しっかりと「身につける」ようにアウトプットしていく。ある程度、身についてから次の本に移る。インプットはアウトプットとペアにして、初めて効果を発揮するのです。

徹底的にアウトプットをして身についてから次の本に進む

本の感想をアウトプットするためのSNSアカウントを開設しよう。

CHAPTER2 READ

03 深く読む
Read Carefully

アウトプット前提で「深読」が加速

　「速読ができます！」という方とときどきお会いします。その人に「最近、何を読みました？　その本のどこがよかったですか？　その本のポイントを教えてください」といくつか質問をすると、途端に無言になってしまいます。

　本を読んでもその感想を1分も語れないとしたら、それは「本を読んだ」といえるのでしょうか？　ただ、字面を追っただけです。何も記憶に残っていない。つまり、「ザル読み」。

　私は、速読、多読をおすすめしません。内容の理解が薄く、感想もいえない（アウトプットできない）ザル読みで、100冊読んだところで、ほとんど自己成長しないからです。

　あなたの目標は、「自己満足」と「自己成長」どちらでしょうか？

　重要なのは、「速く読む」「たくさん読む」ことではなく、「深く読む」こと。私は、それを「深読」といいます。

　私の考える「深読」の定義は、その本の**「内容について議論できる水準」**で読むということ。10分でその本の内容を人に説明できる。あるいは、飲み会でその本の話題で10分〜20分くらい盛り上がれるとするならば、それは「議論できる水準」です。

　つまり、**その本の内容について「十分なアウトプットができるようになった」ことが「深読」できている証拠**です。例をひとつ挙げるならば、本を読んで、その本の骨太な感想をブログにアップできていれば「深読」です。

　10％の深さで10冊読む人。50％の深さで3冊読む人。どちらのインプット量が多いでしょうか？　読書量が少なくても、「深読」で1冊ずつしっかり読んだほうが結局、トータルのインプット量も多く、自己成長につながるのです。

「深読」できるようになるためには、「アウトプット前提」で読むことです。そして、実際に読んだあと、アウトプットする。それだけです。本の感想をきちんと文章で書く。本の感想を20冊も書けば、それだけで本の読み方は相当に深まっているはずです。

　まずは「速読・多読」ではなく「深読」を目指しましょう。私は、「速読・多読」を完全否定しているわけではありません。「深読」できる人が、「速読・多読」することは、とてもいいことです。実際、私も1冊15分で読む本も多いし、月に20冊以上読むこともあるので、「深読」×「速読・多読」を実践しています。

　ゴルフのまったくの素人が練習場に100回通っても、自分の変なクセが強化されるだけでまったく上達しません。最初にプロのレッスンを受けて基本を学んだあとならば、5回も通えばかなりの上達が期待されます。

　読書も同様で、まず「深く読む（深読）」という読書の基本を身につける。「数」や「スピード」を目指すのは、そのあとです。

速読・多読 VS 深読

速読・多読 で月10冊	深読 で月3冊	深読 × 速読・多読 で月10冊
内容理解 10% （10冊）	内容理解 50% （3冊）	内容理解 50% （10冊）
インプット量 10×10= **100**	50×3= **150**	50×10= **500**
→ 自己満足 成長が遅い	↗ 飛躍的成長 自己成長 **速い**	↑ 理想の読書 自己成長 **最強**

まずは「深読」を身につける！
速読・多読はそのあとでOK。

CHAPTER2 READ

04 感想を前提に読む
Prepare a Comment

「他人に説明できるレベル」で読む

　本を読んだあとに、感想を書くようにすると、ものすごく深く読めるようになります。「深読」のための格好のトレーニングが、読書感想を書くということです。

　そして、「読書感想を書く」ことを前提にするだけで、本から多くの情報をとれるようになります。「感想を書くときに、この部分を引用しよう！」「自分の最大の気付きはこの部分だ！」と、あとで人に伝えるために、情報を集めないといけないため、細かい部分まで読み込むように注意のアンテナが立つのです。

　多くの人は、「自分が理解できるレベル」で読んでいきます。なんとなくわかったつもりで読み進め、結果として本の読み込みが浅くなってしまいます。

　感想を前提に読むと「他人に説明できるレベル」で読むようになります。できあがりの感想文をイメージし、「説明する」「教える」ための材料を探します。浅い読み方では「説明する」「教える」ことは不可能なので、自然と読み方が深くなるのです。

　「読む」（INPUT）と「（感想を）書く」（OUTPUT）は、表裏一体です。ただ「読む」だけでは、すぐに忘れます。読んで書く

感想を前提にすると読み方が変わる

普通に読む人
　自分だけわかればいいや
　浅い

感想を前提に読む人
　ここを引用しよう！
　この話、みんなに教えたい！
　深い

深読、記憶に残る

ことで、記憶に残るのです。

「読」んで、「書」くから、「読書」です。

よく「感想が書けない」という人がいますが、それは、本の内容が理解できていないということ。読み方が浅い証拠です。

読書感想は、SNSやブログなど、他人が読める媒体に書くべきです。そうすることでプレッシャーがかかり、ノルアドレナリンが分泌します。ノルアドレナリンは集中力を高め、記憶力を高める脳内物質です。責任感やプレッシャーがあるからこそ、自己成長が加速するのです。

読書の表裏一体

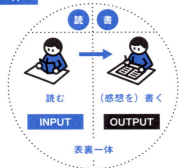

感想前提読書術の具体的方法

① 重要と思ったら、すぐにアンダーラインを引く。
② あとから読み直したい、引用したいところに付箋紙を貼る。
③ 気付き、派生するアイデアなど、何でも書き込みをする。
④ その本の「ベスト名言」を選ぶ。
⑤ その本の「最大の気付き」を書く。
⑥ 今日から実践したい「最大のTO DO」を書く。
⑦ 本を読んだら、短文でもいいので必ず感想を書く。

 夏休みの読書感想文を書くイメージで
丁寧に読み込んでみよう。

CHAPTER2 READ

05 本を選ぶ
Choose a Book

「ホームラン本」に出会う確率を高める

　本を選ぶというのは、ある意味「本の読み方」以上に重要といえます。本の深い部分まで吸収する「深読」ができたとしても、あまり内容がなかったり、そもそも自分に必要でない知識が多ければ、まったく自己成長につながらないからです。

　「お金」と「時間」には限りがありますから、1,500円の三振本を2回連続で買ってしまうと、金銭的、さらに精神的なダメージも大きいでしょう。

　三振本を見抜き、ホームラン本と高い確率で出会う。結果として、短期間で飛躍的に成長できる。そのためには「本を選ぶ」能力を高めることが必須です。

　まず、本を選ぶ場合は、書店で現物を見て選ぶべきです。見出しと全体をパラパラと見れば、「自分にとって必要な本」かどうか、すぐにわかります。ネットだけで選ぶと細かい部分が確認できないので、三振本を買ってしまう確率が高まります。

　本の選び方は奥深いので、「失敗しない本の選択術」を表にまとめました。この中で、読書の初心者に最もおすすめなのは「4

本選びの基本＝三振本を減らし、ホームラン本の確率を上げること

ホームラン本	・たくさんの気付きが得られる本 ・知りたいことがたくさん書かれている本 ・中身が猛烈に濃い本 ・自分の自己成長を加速させる1冊 ・ときに、自分の人生を変える1冊

三振本	・ほとんど気付きが得られない本 ・知りたいことがほとんど書かれていない本 ・中身が非常に薄い本 ・ちっとも自己成長につながらない本

おすすめ読書術」です。

初心者の方は読書の経験値が少ないので、自分にとって必要な本を見抜くことがなかなかできません。ですから、**読書家や専門家が推薦するホームラン本から読み始めるべき**です。読書家が推薦する本は、何十冊も読んだ中の厳選された1冊です。

「ホームラン本」「三振本」に、絶対的な基準はありません。ある人にとっての「ホームラン本」が自分にはまったく役に立たない「三振本」ということもあり得ます。「自分にとってのホームラン本」を選ぶ力を身につけましょう。

失敗しない本の選択術
参考：『読んだら忘れない読書術』(樺沢紫苑著、サンマーク出版)
(第5章「読んだら忘れない」精神科医の本の選択術を要約)

1	**ホームラン読書術** 圧倒的な成長を引き起こすホームラン級の本を探す 「この本は自分の一生を変える本か？」と問う。絶対に違うのなら、優先順位はかなり低い。「ホームラン本に出会いたい」と思って本を探さないと、なかなか出会えるものではありません。	**6**	**専門書読書術** 専門書は大型書店で探す 「ジュンク堂書店」のような、網羅的に本を置いている書店に行くと、「本当に自分に必要な本」と出会える確率は、飛躍的に高まります。特に専門書の場合。
2	**守破離読書術** 今の自分のレベルに合った本を読む 初心者が難解な専門書を読む、あるいは上級者がベタな入門書を読む。これらはほとんど意味がありません。しかし、初心者ほど本格的な本を読みたがり、結局最後まで読むことすらできません。	**7**	**ネット書店読書術** ネット書店のレコメンド機能やレビューを参考にする Amazonのレコメンド（推薦）機能は、世界最高水準のAIが入っているといいます。その精度は極めて高く、自分に必要な本が「おすすめ」されている可能性は高いです。
3	**入門読書術** まず「入門書」から学ぶ 入門書でその分野の全体像をとらえる。すると、2冊目から読むスピードが速まり、読む深さも圧倒的に深まります。	**8**	**セレンディピティ読書術** 偶然の出会いを大切にする 上級者向けの選び方です。偶然というのは、存在しません。その本と出会ったのは、何か意味があるはず。偶然出会った本は、あなたを「コンフォートゾーン」外へと連れ出す使者かも。
4	**おすすめ読書術** 推薦する本を読む 読書家が推薦する本は、何十冊も読んだ中の厳選された1冊です。自分で選ぶよりも、はるかにホームラン率が高いです。	**9**	**直感読書術** 直感を信じて、従う これも上級者向けの選び方。読書家の人は、あれこれ考えず「直感」で選んでいい。読書量の少ない人は「経験値」が低いので、直感で選ぶとたいてい失敗します。
5	**自分軸読書術** ベストセラーやランキングに頼らない 「その本は、自分にとって役に立つのか？」他人に役に立っても、自分にはまったく役に立たないということはよくあります。そのベストセラーは、あなたに本当に必要ですか？	**10**	**数珠つなぎ読書術** 1冊の本から複数の本へどんどんたどっていく 卒業論文、学術論文、科学的な文章を書く人には必須の方法。ひとつの分野を深める、極めたい場合は必須の読書術。

**尊敬する上司や友人に
「おすすめの本」を1冊、聞いてみよう。**

06 ニュートラルに読む
Read without Bias

先入観を持たず「素直」でいることが大切

　何か情報をインプットする場合、ニュートラル（中立）にインプットしていくことが重要です。つまり、色めがねをかけてインプットしないということ。色めがねをかけると、偏った情報しか入ってこなくなります。

　「ニュートラルにインプットする」の反対は「先入観を持ってインプットする」です。

　ニュートラルは、「素直」と言い換えてもいい。とりあえず、自分の先入観を外し、こだわりをなくし、真っ白な状態で。より好みせずに、情報をインプットしていく。そうすることで、自分にとって本当に必要な情報と出会うことができるのです。

　多くの人がそれをできないのは「確証バイアス」のせいです。仮説や信念を検証する際、それを支持する情報ばかりを集め、反証する情報を無視、または集めようとしない傾向を、心理学では「確証バイアス」といいます。

　高齢者が「オレオレ詐欺」にだまされてしまうのも、「確証バ

本を読み始める前は、頭を白紙の状態に

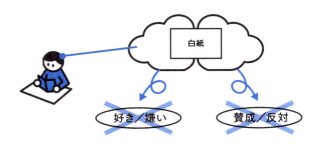

イアス」が原因です。「自分はオレオレ詐欺にだまされない」という気持ちがあると、電話の会話の中で「おかしい」と思える些細な情報は無視するように働くからです。

たとえば、「ベーシックインカム」について本を読んで学ぼうという場合、「ベーシックインカムを導入すると、怠けて働かない人が増えそうだから反対！」という立場で読んでしまうと、「ベーシックインカム」の欠点ばかりが目に入ってくるのです。偏ったインプットからは、間違った判断や考えしか生まれません。

本を読み始める前は、自分の意見や判断は、いったん白紙にして、真っ白な状態で読み進めていくべきです。判断は本を読み終わってからすればいいのです。

先入観がニュートラルを妨げる

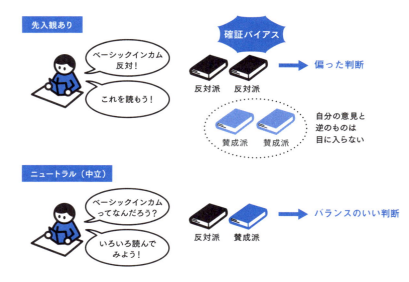

 自分の主義とは反対に思える本もあえて選んで読んでみよう。

CHAPTER2 READ

07 バランスよく読む
Read from Various Perspectives

情報の偏りをなくす「3点読み」

　先入観や偏見があると「確証バイアス」によって、無意識に偏ったインプットをしてしまいます。本人がそれに気付かないのは、恐ろしいことです。そうならないために、バランスをとった読書、バランスをとったインプットが必須です。

　バランスをとるインプット法として、「3点読み」がおすすめです。たとえば、「糖質制限ダイエット」について知りたい場合、「糖質制限の賛成派」「糖質制限の反対派」「中立の立場で書かれた本」の3冊を読んでみます。

　そうすることで、糖質制限のメリットとデメリットの両方がわかり、情報もわかりやすく整理され、情報の偏りを減らすことができます。

　3冊読む余裕がない場合は、「2点読み」でもいいでしょう。「賛成派」「反対派」の本を2冊読んでみるのが「2点読み」です。それだけでも、その問題について長所と短所、メリット、デメリットが明確になり、正しい判断に近づけるのです。

3点読み

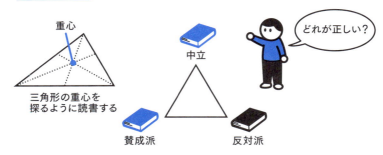

読書に限らず、重要な判断、決断をするときは、必ず「3点インプット」を使ってください。たとえば、「あなたが会社を辞めて起業したい」と思った場合、家族に相談すると100%反対されるはずです。そして、「やっぱり起業は無理か」とがっかりするでしょう。

　しかし、起業の経験のない家族の意見は、どう見ても偏った情報でしかないのです。ですから、「起業して成功した人」「起業して失敗した人」の意見も聞いてみるべきです。そうすることで、初めて起業についてのメリットとデメリットが明確に見えてくるのです。

　情報はニュートラルにインプットすること。異なる3つの情報源からインプットし、さらにバランスをとっていきましょう。

3点インプット術

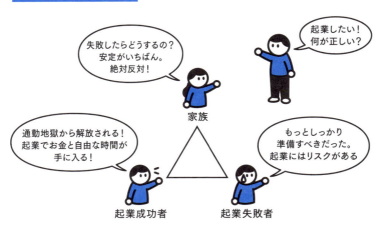

立場の異なる3人から意見を聞いてみる

 情報収集をするときは
メリットとデメリットの両方を意識しよう。

CHAPTER2 READ

08 効率よく読む
Read Efficiently

まずは「パラパラ読み」で本の全体像を把握する

　本を買って、「さあ読むぞ！」と1ページ目から読み始めたものの、第2章くらいまで読んで力尽きて、最後まで読みきれない。そんなことはありませんか？

　あるいは1冊の本をじっくり読んでいくのはいいものの、1カ月もかかってしまうと、本の最初のほうを忘れてしまう、ということもあるでしょう。

　読書は、「本の1ページ目から順番に読んでいくのがあたり前」と思っている人が多いかもしれません。それは「小説」を読む場合はいいのですが、ビジネス書や実用書の場合は、ものすごく効率の悪い読書法です。

　私は本を買ってきたら、まず目次を見て、自分が知りたいこと、自分の興味のあるテーマをピックアップし、それに相当する部分を読みます。

　また、最初からパラパラとページをめくりながら、重要なポイントだけを読んでいきます。そうすると、10分〜15分で、その本の「だいたいの内容」と「自分が最も知りたいこと」が把握で

本の設計図

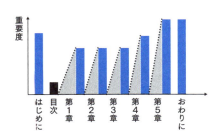

・本の重要ポイントは
　「各章の最後」「はじめに」
　「おわりに」に書かれている

・本の後半に
　重要ポイント＝結論が書かれている

・これらの重要ポイントだけ
　パラパラ読めば、本の内容の
　9割は把握できる

きます。これを「パラパラ読み」と呼んでいます。

「パラパラ読み」をしてから、今度は1ページ目に戻ってじっくりと読んでいきますが、その本の構成や内容をすでに把握しているために、圧倒的に深く読めるようになります。そして、読書スピードも2倍くらいにアップします。ざっくりいうと、「パラパラ読み」をするだけで、読む深さが2倍、速さが2倍になるイメージです。

「パラパラ読み」が習慣になると、最後まで読みきれずに「積ん読（つんどく）」になる、ということもなくなります。

まず全体を把握し、部分を細かく読んでいく。「全体」から「部分」へと理解していくのは、脳の仕組みによくマッチするので、記憶にも残りやすくなります。

パラパラ読みの方法

1 その本を買った目的を明確にする

ビールの歴史が知りたい

ビール大全

2 目次を見て、興味のある項目を3つピックアップする

もくじ
・ビールの語源
・ビールと産業革命
・日本での普及

3 ①と②の内容を探しながら、パラパラと本をめくっていく

・メソポタミア
・ホップ
・パスツール
・明治時代

4 各章の最後の「まとめ」に注意しながら、本の内容を把握する

まとめ

本の「設計図」を理解して重要な部分から読むクセをつけよう。

CHAPTER2 READ

09 問題解決のために読む
Read to Solve Problems

読書の知られざる3つ目の効用

　読書の目的、それは「学び」と「自己成長」です。しかし、読書には意外と知られていない、もうひとつの「重要な効用」があります。それは、読書はあなたの「問題」や「悩み」を解決する、ということです。

　私の元には、毎月数百件の「悩み」や「相談」がメールで寄せられます。それらの質問の50％は、私がすでに出している本に答えが書いてあります。残りの45％は、さまざまな本にその答えが書かれています。そして残りのわずか5％が、本を読んでもすぐには解決法がわからないやっかいな相談で、それらに関してYouTube動画で詳しくお答えしています。

　この世の中の悩みの95％以上は、本を読めば「解決法」がわかるのです。そしてその解決法を実行すれば、問題は改善に向かって動き出します。

　たとえば、上司との人間関係がうまくいっていないと悩んでいる。そんなときは、大きな書店に行きましょう。「人間関係の改善」の本が、何十冊も並んでいますから、今の自分の状況に最も合った1冊を買って読んでみましょう。そこには、いくつかの解決法、対処法が書かれています。あなたは、それを一つひとつ実行するだけです。

　対処法を実行していくと、あなたの人間関係が「－100」だとしたら、いきなり「0」にはならないとしても、「－70」や「－50」くらいの状態にはなるのです。そんな変化でも、気分的にはものすごく楽になります。

　もし、本で解決法を調べず、対処法を知らぬまま放置すれば、3カ月しても人間関係は「－100」のまま、いやむしろ悪化して「－

200」になっているかもしれません。あなたは、そのストレスでうつ病になるかもしれないし、それに耐えきれずに会社を辞めているかもしれません。

とりあえず「悩み」や「ストレス」を抱えていたら、まず「本」で解決法や対処法を調べてみましょう。解決法、対処法がわかれば、あとは実行するだけで、気分は必ず楽になります。

読書は悩みを楽にする

読書しない人

- つらい / 上司とうまくいかない －100点
- ↓ 悩み続けるだけ
- 苦しい / つらい －130点
- **苦しい・つらいは増殖する**
- ↓ さらに放置　3カ月後
- つらい / 苦しい / もう死にたい / 会社辞める！ －200点

読書する人

- つらい / 上司とうまくいかない －100点
- ↓ 本で解決法を学ぶ
- 本を読んでみよう！ / 解決法がわかった！ －70点
- **解決法を知るだけで気分は楽になる**
- ↓ 解決法を実行する
- 完全には解決してないけど / とても楽になった －10点

 書店を歩いて、今の悩みを
解決してくれる本を探してみよう。

10 小説を読む
Read a Novel

「娯楽」の中にある計り知れないメリット

「ビジネス書の読書で自己成長するのはわかりますが、小説を読むメリットはあるのでしょうか？」と聞かれることがあります。

小説の読書に、「楽しい」「娯楽」以外のメリットがあるのでしょうか？ 答えは、計り知れないメリットがあります。

小説を読む7つのメリットについて解説します。

（1）本が好きになる

私は高校生のとき、栗本薫さんのヒロイックファンタジー『グイン・サーガ』という小説と出会い、「本のおもしろさ」に気付き、SF、ファンタジー、ホラーなどを貪るように読みました。大学に入り歴史、宗教、アメリカ文化など難解な本を読むようになります。

結果として「自分も本を書きたい」という思いが芽生え、数十年後に作家として活動することになりますが、その発端は「小説」を通して本が好きになったからです。

読書が苦手な人はまず「小説」から入るといいと思います。

（2）頭がよくなる、脳が活性化する

読解力は、知能の高さや、ワーキングメモリとも相関するといわれます。また、子どもに読書をさせると算数の成績がよくなったという研究や、読書習慣のある高齢者は認知症になりづらいという研究もあります。読書によって読解力がつくことで、頭がよくなる。そして、脳が活性化するといえます。

（3）共感力がつく

ある研究によると、「小説をよく読む人は、共感性タスクの点数が高い」「文学作品を読むと、読後に共感性が高まる」という結果が出ています。小説を読むと、主人公に感情移入しますので、

それによって共感力が鍛えられるのです。

（4）創造性が増す

小説は文字なので、頭の中で情景を想像しないと、物語を理解できません。つまり、小説を読むことは、想像力を使う。創造性のトレーニングになります。創造性はAI時代に必須の能力です。

（5）ストレス解消効果

6分の読書でストレスが7割軽減した、読書は散歩や音楽よりもリラックス効果が高い、という研究があります。読書は高いリラックス効果、ストレス発散効果があるのです。

（6）他人の人生を疑似体験できる

小説を読むことで、他人の人生を疑似体験することができます。10冊小説を読めば、10通りの別人の人生をシミュレーションすることができます。自分の人生で失敗しなくとも、主人公の失敗体験から学ぶことができるのです。

（7）楽しい、人生が豊かになる

小説は読んでいて楽しいです。1,000円ほどの娯楽で、人をここまで感動させ、楽しませてくれるものは少ないでしょう。小説は、人生を豊かにしてくれます。

小説を読むことにはたくさんのメリットがある

本が好きになる		創造性
脳が活性化		ストレス解消
		疑似体験
共感力		楽しい

 ビジネス書ばかりでなく
たまには小説にも手を伸ばしてみよう。

11 電子書籍を読む
Read an E-book

何冊も持ち歩けて、購入後即確認が可能

「紙の本」と「電子書籍」、どちらで読むのがいいですか？　読書の話をすると必ず聞かれる質問です。

「紙の本」（以下「紙」）と「電子書籍」（以下「電子」）を比較した研究は多数ありますが、ジャンルを問わず「記憶力」「理解力」において、「紙」のほうが有利であるという結果が出ています。

「紙」は、ペンで書き込みをしたりマーカーで線を引いたり、手を動かしてアウトプットができます。また、本を手に持った触感、ページをめくる音や紙の匂いなど、「紙」は五感を刺激するので、記憶に残りやすいと考えられます。

ただし、「紙」よりも「電子」のほうが優れている点は山ほどあります。まず、持ち歩きが便利。本であれば2冊持つだけで大変ですが、「電子」であれば1,000冊以上を持ち歩くことも可能。また、「電子」は保管場所もとりません。

価格の面では、同じ本でも「電子」のほうが何割か安いものがほとんどです。また、「電子」には、「Kindle Unlimited」のような「読み放題」サービスを提供する会社もあります。月何十冊も読む「多読家」には、「電子」のメリットは非常に大きいでしょう。

「いつでも読める」というのは、電子の大きなメリットなので、「紙」で買ったうえで「電子にも入れて、暇があれば読み直す」というのは、非常に高度な勉強法です。大好きな小説や漫画なら、「紙」も持っているけど「電子」にも入れて、読みたくなったときにすぐ読むというのもいいでしょう。

「全文検索ができる」というのも、「紙」には絶対にできないこと。Kindleをスマホと連動させると「読み上げ機能」が使えるので、車や電車の移動中にも耳学できるという裏技もあります。

私の場合、小説と漫画は「電子」。ビジネス書はすべて「紙」です。

月数冊しか読まない人は、迷わず「紙」でいいでしょう。月何十冊も読む、あるいは移動中やスキマ時間も読書三昧で過ごしたい多読家の人には、「電子」のメリットは大きいです。

アウトプットと併用し、「マーカー」や「書き込み」機能を駆使し、自分なりの工夫をすることで、電子で記憶に残し、理解度を深めることは可能です。

「電子」と「紙」、どちらを読むか。自分の読書スタイルに合わせて使い分けましょう。

「紙の本」と「電子書籍」の比較

	紙の本	電子書籍
記憶に残りやすさ	残りやすい	「紙」に負ける
読みやすさ	読みやすい	読みにくい
集中力	高い	散りやすい
飛ばし読み	簡単	難しい
特定のページを開く	パラパラ開ける	パラパラとは開きづらい
本への書き込み	本への直接書き込みで読書効率アップ	メモ機能、マーカー機能あり。使いこなすと便利
価格	定価	「紙」よりも何割か安い
購入後	ネットで購入しても、配達されるまで読めない	購入直後から読める
持ち運び	一度に数冊	1,000冊以上を持ち運べる
保管	場所をとる	場所をとらない
読み上げ機能	なし	あり（スマホで設定）
読み放題サービス	なし	あり
向く人	月数冊しか読まない人	月に何十冊も読む多読家
向く本	ビジネス書、一般書	小説、漫画 法令、マニュアル、辞典

「紙」派の人は、
「電子」も積極的に取り入れてみよう。

THE POWER OF
INPUT

CHAPTER3
学びの理解が深まる 話の聞き方

LISTEN

CHAPTER3 LISTEN

12 生で聞く
Listen in Person

感情を揺さぶる圧倒的な「非言語情報」

　本を読んで学ぶ。とても大切なことです。しかし、多くの人は「読む」だけで満足してしまい、それで終わっています。読書が習慣化された人は、次はセミナーや講演など、直接人から話を聞くこと、すなわち「生で聞く」ステージにステップアップしてください。

　私は月に数回、セミナーや講演を開催していますが、「（セミナーに）生まれて初めて参加しました！」という方が多いのです。人から直接話を聞くという「生で聞く学び」を活用している人は非常に少ない。それはとてももったいない話です。

　私のセミナーに参加された方は、受講後にみなさんいいます。「今日は本当に来てよかったです。感動しました」「本とはまったく違った学びが得られました」と、興奮した口調で語るのです。

　「読む」に比べて「生で聞く」ことは、はるかに学びの効果が高いのですが、その理由はなんでしょう？

　あなたは今『インプット大全』を読んでいますが、それを書いている私がどんな服を着て、どんな表情で、どんな想いで書いているかわかりますか？　超能力者でもない限りわかりようがありませんよね。

2つのコミュニケーション

言語的コミュニケーション （言語情報）	非言語的コミュニケーション （非言語情報）
【言語的情報】 文字情報、言葉の意味内容　あ	【視覚的情報】 外見、表情、視線、姿勢、動作、ゼスチャー、服装、身だしなみ 【聴覚的情報】 声の調子、強弱、大きさ

では、あなたが私のセミナーに参加した場合はどうでしょう。私がどんな服を着て、どんな表情で、そしてどんな想いを抱いているか。誰にでも手にとるようにわかるのです。

人間のコミュニケーションは、「言語的コミュニケーション」と「非言語的コミュニケーション」の2つに分類されます。

本は「文字列」なので、著者がどんなにがんばっても「言語的情報」しか伝わりません。

セミナーや講演では「言語的情報」と「非言語的情報」の両方が伝わるので、圧倒的に情報量が多い。感情を揺さぶるので、記憶力を増強する脳内物質ドーパミンが分泌され、圧倒的に記憶に残ります。

ということで、セミナーや講演に参加したことがない人は、勇気を出して一度参加してください。私も毎月数回セミナー・講演を開催していますので、興味のある方は聞きに来てください。公演情報はメルマガで案内しています。

「生で聞く」メリット

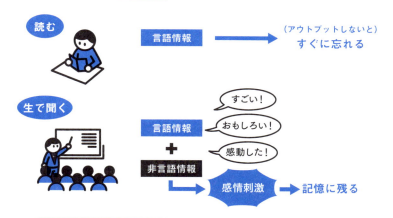

 気になっていたセミナーに勇気を出して今すぐ申し込んでみよう。

13 最前列で聞く（効率的に聞く1）
Listen Efficiently 1: Sit in the First Row

学びを最大限にする「最前列」のススメ

　私は今までに数百回のセミナー、講演をしてきました。そうした講師の経験を通していえるのは、「効率のいい聞き方」と「効率の悪い聞き方」があるということ。「身につく聞き方」と「身につかない聞き方」とも言い換えられます。同じ時間、同じセミナーを受講していても、学びの効果に 10 倍以上の差が出ます。

　同じセミナーに参加して 10 倍以上の効果が得られる、「効率的な聞き方」のポイントを 5 つお伝えします。

　私は週に 2 〜 3 回、ジムでエアロビクスをしています。その場合、必ず最前列をとるようにしています。なぜならば、最前列で緊張感を持ってのぞむことが、効率を最大限に高めることを知っているからです。

　セミナー受講においても同じです。うしろのほうで控えめに聞くよりも、前のほうの席、できれば最前列で受講するのが、最も学びの効率が高いのです。

　最前列を避けるのは、「急に質問されたら困る」「急にマイクで意見を求められたら困る」から。最前列は緊張するから嫌だ、という方が多いです。しかし、「緊張する」からこそ、学びの効果は高まるのです。

　心理学では「適度な緊張が学習効率を最大化する」（ヤーキーズ・ドットソンの法則）ことがわかっています。

　適度な緊張状態では、脳内でノルアドレナリンが分泌されます。ノルアドレナリンは、記憶力、集中力、判断力を高め、脳の作業効率、学習効率を飛躍的に高めます。

　最前列で緊張感を持って受講すると、ノルアドレナリンの効果によって学習効率は最大化します。うしろのほうでのんびりと受

講している人は、ボチボチの効果しか得られないのです。

最前列と最後列。講師の顔がよく見えるのは、どっちですか？いうまでもなく、最前列です。セミナー受講が学びの効果が高い理由は、「非言語情報が受け取れる」ということを説明しました。

逆に、講師の顔がよく見えないと、表情などの視覚的な非言語情報が受け取れない。つまり、うしろのほうで受講すると、受け取ることができる情報の総量が圧倒的に減ってしまうのです。

学びは距離に反比例します。距離が近いほど、多くの学びが得られる。セミナーや講義は、最前列、あるいはできるだけ前のほうで受講するのがいいでしょう。

最前列と最後列の違い

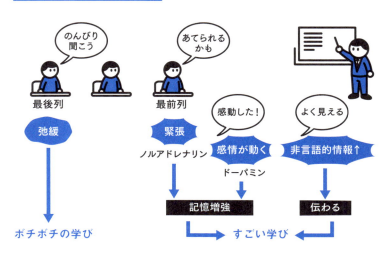

 セミナー会場には誰よりも早く入って最前列をキープしよう。

CHAPTER3 LISTEN

14 前を向いて聞く（効率的に聞く2）
Listen Efficiently 2: Look Straight Ahead

ノートをとるのは本当に重要なポイントだけ

　100人受講生がいると、必ず数人は、「講師のいうことを一言も聞きもらさないぞ！」とばかり、必死にメモやノートをとっている人がいます。熱心でとてもいい受講生のように思えますが、実際は逆です。試しにセミナーの最中に、必死にメモをとっている人に質問をしてみると、まったく内容を理解していないことが露呈します。

　「メモやノートを詳しくとればとるほど学びは大きい」と思っている人は多いでしょう。それは、中学、高校の学校の授業の場合は正解です。重箱の隅をつつくような問題が試験に出るからです。しかし、セミナー受講の場合はまったく逆です。
　セミナーでは、<u>自分の行動を変えるような「気付き」</u>をいくつか持って帰ることが重要です。すべての内容を書き留めることも、すべての内容を記憶する必要もないのです。
　セミナーのメリットは、本を読むことでは受け取れない「非言語情報」を受け取ること、とお伝えしました。つまり逆にいうと、

前を向く効果

INしてPUTする

前を向く人

視覚的非言語情報
表情・身振り・手振り・動き・視線

ザル

下を向く人

「非言語情報」を受け取ることが、セミナーの目的なのです。

下を見て、必死にノートをとっている人は、講師の顔が見えますか？　間違いなく、見えません。講師は、表情や身振り手振りを使って、視覚的に多くの情報を伝えているのに、下ばかり見ている人は、そうした視覚的非言語情報をまったく受け取っていない。それでは、セミナーに参加している意味がないのです。

「前を向いている時間」と「下を向いている時間」。つまり「講師を見ている時間」と「ノートをとっている時間」の割合は、「7対3」か「8対2」くらいにしたいところです。ほとんどが前を向いていて、どうしても重要な「気付き」を得たときにメモする、というイメージです。

『アウトプット大全』では、インプットとアウトプットの黄金比は「3対7」とお伝えしましたが、「人の話を聞いている」とき、つまり、「インプットの最中」においては、インプットに集中すべきです。アウトプットは、インプットが終わってからいくらでもできますから。

セミナーでは重要な気付きを得たときだけノートをとる

講師を見ている時間
インプット：7

ノートをとっている時間
アウトプット：3

 ノートをとるより、
講師の非言語情報をキャッチしよう。

15 目的を持って聞く（効率的に聞く3）
Listen Efficiently 3: Listen with the Purpose

目的を定めてノートに書き出す

　たった1分で、セミナーでの気付きと自己成長を数倍に高めるワークがあるのですが、知りたいですか？

　以下の資料は、私が開催した「インプット力養成講座」セミナーのワークの資料です。セミナー開始前に、これらの質問に記入してもらいます。これをやるかやらないかによって、参加者のセミナーの理解、気付き、自己成長、満足度が何倍も変わってきます。

　なぜならば、これらの質問に答えることによって、セミナーに参加した目的が明確になるからです。CHAPTER1「インプットの基本法則」でお伝えした「ゴールを決める」というのと同じです。
　「今日のセミナーで、いちばん学びたいことは？」
　あなたがもし、「短時間でインプットができる効果的な方法を

インプット効率が圧倒的に高まる魔法のワーク

事前ワーク	セミナー開始の18時半までにご記入ください。		
Q1：あなたのインプットとアウトプットの比率は？			ビフォー（現状のチェック）
インプット	アウトプット		
Q2：今までの「インプット」について、どんなことで悩んでいましたか？			
………			
Q3：今日のセミナーで、一番学びたいことは？			目的
………			
Q4：今日学んだノウハウを、いつ、どんな風に活用しますか？			アフター（未来のイメージ）
………			

（2019年3月13日開催、「インプット力養成講座」セミナーワークシートより）

知りたい」と書いた場合は、話がその内容に差し掛かった瞬間に「自分がいちばん知りたかったことだ！」と注意のアンテナが立つのです。

「これだけは持って帰ろう」というものを最初に決めると、その部分を持って帰ることができます。

「なんとなく、役に立つことを知りたい」といった漠然とした目的で話を聞いていると、「なんとなく」話を聞き流してしまい、結局、何も得られないという結果に陥ります。

セミナー会場に着いたら、開始までに時間があるはずです。あなたはノートを開いて、その第１行目に、「今日のセミナーの目的」と書きます。そして、その下に箇条書きで３つ、「今日のセミナーの目的」を書いてください。数分から、慣れれば１分で終わる簡単なワークです。

これをやるかやらないかによって、学びの効率は何倍も変わってきます。漠然と聞いている人は何も持ち帰れないので、そういう人と比べると学びの効率は10倍以上にアップするといっても過言ではありません。

自分は何を知りたいのか。何を学びたいのか。そして、どうなりたいのか。目的を定める、つまり目的意識を持って話を聞くだけで、あなたの学びの効率は何倍も加速します。

セミナー開始前に「目的」をノートに書こう

今日のセミナーの目的
1
2
3

「なんとなく」の姿勢はNG。
セミナーは主体的に参加しよう。

CHAPTER3 LISTEN

16 質問を前提に聞く（効率的に聞く4）
Listen Efficiently 4: Prepare Questions

「適切な質問ができる人」を目指す

　私のセミナーでは、最後の10分を「質疑応答」にしています。「それでは、何か質問がありますか？」といった瞬間、一斉に質問の手が挙がればとてもうれしいし、ひとりも手が挙がらないととても寂しい気持ちになります。「みんな興味を持って話を聞かなかったのか。内容を理解できなかったのか」と思います。

　多くの人は、「質問がない」ということを「理解している」と同義ととらえるかもしれませんが、まったく逆です。話を聞いていない、理解0％の人は質問ができません。

　ソクラテスの「無知の知」という言葉があります。「自分がわかったつもりになっている」状態は愚かであり、「自分がわからないことを知っている」状態が賢いのです。

質問できる人とできない人の違い

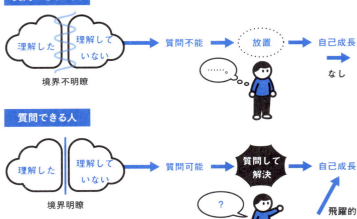

「質問ができる」ということは、人の話を聞いて、自分は何がわかっていて、何がわからないかを知っている状態です。つまり、理解度が高くないと適切な質問はできません。

また、「質問できる人」は「質問」によって自分の疑問、あいまいな部分を瞬時に解消、解決することができます。つまり、質問した瞬間に自己成長します。「質問できない人」は、自分の中に疑問点やあいまいな点があっても解決できず、放置するしかないので、いつまで経っても成長できません。

そのために必要なことは、やはり「質問を前提に話を聞く」ことです。講師からいつあてられても、3つ質問がいえるようにしておいてください。話を聞きながら、ノートの余白に、「疑問」「質問」を瞬時に書き留めていけば、それができるようになります。

疑問、質問を書き留めるだけで、「わからない部分はどこ？」というアンテナが立つので、話に対して集中力や注意力が高まり、理解が圧倒的に深まります。

質問力が明暗を分ける

質問できない人　　　　　すぐに質問できる人

周りのイメージ	・話、ちゃんと聞いているの？ ・何も考えてないな。 ・ボーッとしてんじゃないの？ ・理解が浅いんじゃないの？ ・なんだ、興味がないんだ。 ・当事者意識がないな。	・いろいろ考えながら聞いているな。 ・集中力高く、話を聞いているな。 ・そんな深い質問ができるとは、理解も深いな。 ・関心を持って話を聞いているな。 ・頭の回転が速いな。優秀だな。
評価	低い評価	極めて高い評価

 会社の会議も質問前提で参加すると、周りの評価がガラッと変わる。

17 メモしながら聞く（効率的に聞く5）
Listen Efficiently 5: Take Notes

CHAPTER3 LISTEN

集中力を高める「メモ」の効用

　テレビのニュースで流れる、政治家へのインタビュー映像。周りに集まった新聞記者たちは、ものすごい勢いで必死にメモをとっています。

　そこで疑問が浮かびます。ボイスレコーダーがある今の時代、メモって本当に必要なのでしょうか？　そして新聞記者は、その乱筆のメモを本当に見直すのでしょうか？

　あるとき、新聞記者の方と話す機会がありましたので、その質問をズバリぶつけてみました。「取材のときのメモって、あとから見直すのですか？」。彼はいいました。「まず、見直しません。メモをとることで集中力が高まり、頭が整理されます。結果、メモを見なくても、記事を書けますね」。

　これにはびっくりしました。新聞記者は、「見直す」ためではなく、「脳を活性化する」ためにメモをしていたのです。

　『アウトプット大全』に書きましたが、「書く」ことでRAS（脳幹網様体賦活系）が活性化し、注意のアンテナが立ち、集中力が高まります。脳科学的にも、メモを見直さなくても内容をよく理解し、詳しく覚えている、ということがいえるのです。

　病院の診察もそうです。診察中に、「メモをとる患者さん」と「メモをとらない患者さん」とでは、「メモをとる患者さん」のほうが、病気が治りやすいと思います。

　薬の副作用について説明したあとに、「今、聞いたことを覚えている範囲でいってください」というと、「メモをとらない患者さん」は無言でポカーンとした表情になります。何ひとつ思い出せないのです。「メモをとる患者さん」は、副作用の要点をいくつかいいます。その患者さんは、別にメモを見ながらいうわけではなく、すでに要点を記憶しているのです。

メモをとりながら診察を受けると、医師の話への集中力が高まり、重要なことを聞き逃しにくくなり、内容の理解も深まります。あとから見返すこともできますが、見返す以前に、記憶してしまうのです。

　ちなみに、「手書き」と「デジタル」では、「手書き」のほうが脳を活性化します。
　メモについての脳科学研究では、「メモをたくさんとると記憶力が低下する」という結果が出ています。「14 前を向いて聞く」でも説明したように、インプット中の黄金比率は、インプット７、アウトプット３です。メモをとり過ぎると黄金比率が崩れるので、記憶に残らない。まったくの逆効果になるのです。

　あくまでも、「気付き」「要点」「重要ポイント」だけをメモすることで、集中力を最大化できるのです。

メモの効用

・集中力が高まる
・重要なところを聞き逃しにくくなる
・内容の理解が高まる

 ポケットサイズのメモ帳をいつでも持ち歩くようにしよう。

CHAPTER3 LISTEN

18 友人に聞く
Ask Your Friends

プライドを捨て、「横から」教えを乞おう

　高校時代、数学が苦手だったあなた。友人のA君は、数学がとても得意。では、あなたはA君に聞きましたか？「どんな問題集を使っているの？」「どんなふうに数学を勉強しているの？」「どうやれば、数学が得意になるの？」。たぶん聞かなかったはずです。

　学校の先生や塾の先生には、「数学のいい問題集を教えてください」と聞けるのに、なぜか友人には聞けないものなのです。

　あなたの会社で、営業成績抜群の同期入社のB君。「どうやったら、そんなにバンバン売れるか教えて」とは、聞けません。

　友人や同期入社の同僚は、仲がよさそうでいて、実は心の底で「ライバル」と認識している。だから、「成績アップの秘密」「売上アップの秘密」などの「奥の手」を教えてもらうことに、無意識に罪悪感を持つのです。

　あるいは、簡単なことを質問してしまって、「そんなことも知らないの」といわれたくない。あなたのプライドが、友人に聞いたり、友人から教えてもらったりすることを邪魔しているのです。

　そんなくだらないプライドのために、あなたの自己成長にブレーキがかかっているとしたら、もったいない話です。

　自分がわからないことは、「先輩」「上司」「先生」「専門家」など、自分よりも知識や経験をたくさん持っている人から教えてもらう。「上からの学び」は、世間の常識です。

　しかし、実はあなたとほぼ同じレベルにある、あなたの「友人」や「仲間」「同僚」「同期入社」こそ、あなたにとって重要な情報を持っています。なぜならば、あなたと同じレベルにあるからこそ、同じような「悩み」や「問題意識」を持っているから。同じ部分でつまずき、クリアしようとしているから。できれば、あな

たの2歩、3歩先を行く、**ほんの少しだけレベルが上の友人、同僚に聞くと、あなたの悩みに対して最も適切な答えが得られます。**

友人や同僚などから教えてもらう「横からの学び」は、「上からの学び」とはまた別の、自分のレベルにマッチしていて、具体的で実践的な答えが得られるのです。

自己成長のためには、「変なプライド」は捨てるべきです。先輩や上司に聞けない質問も、友人や同僚だから聞けるということもある。さらにお互いにわからない部分を教え合う。そんな関係性ができれば、自己成長のスピードはお互いに猛烈に加速するはずです。

専門的、上級の内容は上から学び、基本的、初歩的、具体的、実際どうやっているのか実践的な内容は横から学ぶ。「上からの学び」と「横からの学び」を使いわけることで、あなたの自己成長は最大化するのです。

上と横、両方からの学びで自己成長が加速

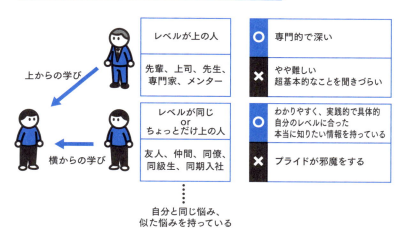

「教えてもらう」だけでなく
「教え合う」関係性を目指そう。

19 耳学する
Learn by Listening

スキマ時間を極限まで活用した学び

　通勤時間や移動時間を使って読書をしましょう。私は、スキマ時間を使った読書を強く推奨しています。また自分の読書時間のほとんどは移動時間です。

　しかし、首都圏の満員電車で通勤している方は、「満員電車で読書するなんて絶対に無理」と思っているはずです。混雑のひどい路線では、スマホを見ることすら難しいでしょう。

　そんな場合は、耳学。すなわち「音声」を聞くことで、耳から学ぶ方法をおすすめします。

【耳学の5つのメリット】
（1）歩いている時間にも聞ける
　通勤時間、電車で立っているときには読書できますが、歩きながらでは本が読めません。耳学では、歩いている時間も聞き続けることができるので、スキマ時間を極限まで有効活用できます。スポーツジムで運動中に聞くこともできます。

（2）運転中、作業中にも聞ける
　音を聞くだけなので、両手がふさがっていても聞けます。つま

移動時間を学習時間に変える「耳学」

スマホとイヤフォンさえあれば、いつでもどこでも学習可能

り、車の運転中や何かの作業をしながらでも聞くことができます。

(3) スマホとイヤフォンがあれば、どこでも聞ける

紙の本を読むには、本を持ち歩く必要があります。耳学のコンテンツは、スマホから簡単にアクセスできるので、誰でも持っているスマホとイヤフォンさえあれば、いつでもどこでもできます。

(4) 活字が苦手な人に向いている

活字が苦手な人は、本1冊読むのに1カ月もかかるというケースもありますが、耳学であれば倍速で2〜3時間で読めます。スキマ時間を活用して、2〜3日で1冊読めます。

(5) 無料コンテンツが充実

読書するには本を買う必要がありますが、耳学のコンテンツは「無料」で良質なものがたくさんあります。

おすすめの耳学コンテンツ

YouTube	世界最大の動画サイト。 音声だけ聞けば耳学コンテンツに。 音声専用のコンテンツも多数。
オーディオブック (耳から読書)	活字が苦手でも、本から学びが得られる。 audiobook.jp、AmazonのAudibleなど。
Podcast (インターネットラジオ)	歴史が長いのでコンテンツが充実している。 著名人のビジネスコンテンツも多数。 キーマンをフォローして継続的に学ぶのもよい。
ヒマラヤ (音声プラットフォーム)	中国発の音声プラットフォーム。 ビジネスコンテンツから芸人のお笑いコンテンツまで多彩。 5分ほどの短いコンテンツも多くスキマ時間に聞きやすい。
各種スマホアプリ	英会話の音声を無料で聞けるアプリなど、 さまざまな音声アプリが出ている。

 性能のいいイヤフォンを入手して移動時間のすべてをインプットに。

20 オーディオブックを聞く
Listen to an Audio Book

「読書嫌い」「活字嫌い」の人の救世主

　「読書は最もコスパの高いインプット術。月に3冊は読書をしよう！」というと、「活字が苦手なので無理です」という方がいます。

　活字が苦手、読書が苦手という方は、本を数ページ読んだだけで疲れて先が読めなくなってしまいます。本を1冊読み終わるのに1カ月かかる。結局、本を買っても読みきることができない、という悪循環に陥っているようです。

　文化庁の調査によると、日本人の47.5%は漫画以外の本を読まない、年間読書量が「0冊」の人たちです。つまり、日本人の約半分が「読書が嫌い」「活字が苦手」ということになります。

　読書はインプットの基本なので、「読書ができない」という人は、自己成長においてものすごく不利な状況にあることは間違いありません。

　そんな「読書嫌い」「活字嫌い」の人の救世主が、「オーディオブック」です。

　オーディオブックとは、通常書店で売られているビジネス書や小説などを、プロの声優やナレーターが朗読した音声です。スマホからアプリで聞くことができます。

　本1冊分の時間は、ページ数にもよりますが、たとえば私の『神・時間術』（大和書房）ですと、288ページが5時間50分です。オーディオブックは、倍速（あるいはもっと速いスピード）で再生することが可能で、「倍速」でも十分に内容が理解できます。つまり、『神・時間術』は、約3時間で聞くことができます。普通に紙で読んでも2〜3時間かかりますから、紙で読むのとほとんど変わらない時間で、本1冊分のノウハウを吸収できる。これは、すごいことです。

通常の200ページのビジネス書ですと、倍速で2時間で聞くことができますから、通勤時間にずっと聞いていると、1日で読了（聴了）することもできます。これは、「読書嫌い」の人にとっては革命です。

あるいは読書家の方でも、車の運転が多い方は、簡単に読書量を増やせるので、オーディオブックを活用する人は多いです。

オーディオブックを提供するサービス大手は、「audiobook.jp」とAmazonの「Audible」の2つです。Audibleはサービス開始から日が浅いため購入できる本の冊数も少なく、月2冊以上読む方には値段も割高です。現時点では登録冊数が多く、ほとんどの商品を紙の書籍と同じ価格で購入できるaudiobook.jpのほうが使い勝手がいいでしょう。ベストセラーやビジネス書の古典など、有名な本は高い確率でオーディオブック化されています。スマホアプリで「オーディオブック」で検索して、アプリをダウンロードすればすぐに使えます。

普段本を読まない人も、オーディオブックだと聞き流すだけなので、誰でも本のエッセンスを学ぶことができます。ぜひ試してほしいと思います。

オーディオブックの活用で読書量UP！

本が苦手で1冊読むのに1カ月かかる人も

200ページの本を倍速だと2時間で読了（聴了）可能

片道1時間の通勤なら、1日1冊＝1カ月20冊以上読める！

 電車通勤や車の運転時などを「耳で読書」の時間に充てよう。

21 パートナーの話を聞く
Listen to Your Partner

1日30分の「共感」が夫婦円満のコツ

あるアンケートによると、「夫婦円満のために必要なことはなんですか？」の回答で、「よく会話をする」が69.6％で第1位となっています。つまり、7割の夫婦がよく会話をすることで夫婦円満になれる、と思っているのです。

心理学的に見ても、夫婦円満の最大の秘訣は、夫婦でよく会話をすることであり、特に「夫が妻の話を聞く」ことが大切と考えられます。

夕食の時間、30分だけでいいので、夫が妻の話にしっかりと耳を傾ければ、夫婦円満で家庭が安泰になる。ところが、食事中に妻が話をしようとすると夫は「今日は仕事で疲れているから」と遮ってしまうので、妻の機嫌は悪くなります。

男性は「家事や子育ての悩みをいわれても、解決が難しいので聞いてもしょうがない」と思うでしょう。相談には結論やアドバイスが必須だと思うのが、男性心理です。

しかしながら、女性は「解決したい」とは微塵も思っていない。ただ話したいだけです。自分の大変さ、つらさを理解してほしい、共感してほしいだけなのです。ですから、妻が30分、今日あったネガティブな出来事を話し、それにしっかり共感してもらえれば、その瞬間に心の中で解消されるのです。現実は何も変わっていませんが、「共感された」というだけで、感情が明るく、さわやかに変化するのです。

女性の会話は、男性に比べると回りくどい傾向があり、「結論は？」といいたくなりますが、それはいってはいけないセリフです。なぜなら、男性は「はっきりいってほしい」のですが、女性は「本心を読みとってほしい」と思っているから。

このように、男性と女性は「相談」や「会話」において、まっ

たく異なるものを求め、異なった考え方をします。この男女差の心理学を知っているか、知らないかで夫婦関係は大きく変わります。

ですから夫は、結論を求めたり、アドバイスしたりせず、「それは大変だったね」と相槌を打ち、共感を示しながら妻の話を聞くべきです。たったそれだけで妻の機嫌がよくなり、夫婦円満になるとしたら、やらないと損です。

男性はアドバイスを求め、女性は共感を求める。これを知って、実行するだけで男女関係はものすごくうまくいきます。

もちろんこの話は、夫婦関係に限らず、恋人同士、あるいは職場での異性の職員との会話にも、そのまま応用可能です。

夫と妻の考え方の違い

	夫	妻
相談	アドバイスを求める	共感を求める
会話	はっきりいってほしい	本心を読みとってほしい
言い訳	理屈を説明する	感情をぶつける
幸せの感じ方	"必要とされている実感"で幸せを感じる	"愛されている実感"で幸せを感じる
家庭に求めるもの	居場所と居心地	安心と安定
疲れているとき	黙ってほしい	気づいてほしい
悩み・不安	信頼してほしい	心配してほしい
お金	自由にお金を使いたい	計画的にお金を使いたい
家事	教えてほしい	自分で考えてほしい
育児	ときどき育児に参加したい	ときどき育児を休みたい

参考:『なぜ夫は何もしないのか なぜ妻は理由もなく怒るのか』（高草木陽光、左右社、2017年）

 結論やアドバイスを求めずに
会話そのものを楽しむ姿勢を持とう。

CHAPTER3 LISTEN

22 傾聴する
Listen Actively

深いレベルで相手を理解し、共感する

「共感しながら話を聴こう」と言葉でいうのは簡単ですが、実際は非常に難しい。なぜなら、それは心理カウンセラーが行う「聴き方」の技術だから。別名「傾聴」テクニックともいわれます。

心理カウンセラーや精神科医が使う傾聴テクニック。詳しく書くと本1冊分になってしまうのですが、ここではそのエッセンスをギュッと凝縮してお伝えします。会社でもプライベートでも、「人の相談を聴く」という場面は多いはず。そんなときに、この傾聴テクニックを知っていると、かなりの「聴き上手」になれるはずです。

東日本大震災では、たくさんの傾聴ボランティアが活躍しましたが、その後の追跡調査で、傾聴ボランティアに話を聴いてもらった被災者は、PTSD（心的外傷後ストレス障害）の発症率が低かったという報告があります。基本的な傾聴テクニックを使えるだけで、相手を癒やすことができます。

（1）傾聴とは？

傾聴とは、深いレベルで相手をよく理解し、気持ちをくみとり、共感する聴き方です。傾聴によって、深いレベルで相手の信頼を得て、良好な人間関係を築くことができます。

そのためには、「相手を尊重し、相手のために聴く」「相手の心に耳を傾ける」姿勢が重要です。

（2）聴くことに集中する

傾聴とは、その言葉の通り、聴くことに傾倒する、集中するということです。

「自分が聞きたいこと」を聞くのではなく、「相手が話したいこと、伝えたいこと」をじっくりと聴いていきます。

言い換えると「余計なことをいわない」ということです。相手が話しているのに言葉を差し挟む、相手の発言を否定する、何かを決めつける、すぐにアドバイスや対処法をいうのは NG です。

（3）肯定的に接する

　傾聴の目的のひとつは、相手の「自己重要感」を満たすことです。他者から認められる、承認されることで「承認欲求」が満たされ、結果として自己重要感も満たされます。

　そのためには、話を真剣に聴くことです。結果として「こんなに真剣に話を聴いてもらえた。自分が受け入れられた」と、自己重要感が満たされます。

具体的傾聴テクニック

1 アイコンタクト

　しっかりと相手のほうを見る。適度に目を合わせる。視線によって、「あなたのことを見ていますよ」「あなたに関心がありますよ」ということを伝えます。傾聴中に、メモや記録はしないほうがよいでしょう（終わってから一気に書く）。

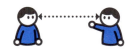

2 うなずき、相槌

　相手の話を聞きながら、タイミングよくうなずくことで、話にリズムができ相手は話しやすくなります。また、「興味を持って自分の話を聴いてもらえている」と思います。普通よりも大きめに、あるいはゆっくりとうなずく。うなずきに緩急をつけることで、さらに効果が高まります。

3 オウム返し

　相手の言葉をそのまま繰り返して伝える「オウム返し」というテクニックがあります。相手は、その言葉を受け止めて、その言葉について深く考え、気付きを促すことができます。

 「あの人に話を聴いてほしい」と思われる「聴き上手」を目指そう。

CHAPTER3 LISTEN

23 共感する
Sympathize

相手の気持ちを想像し、無条件に受け入れる

　心理カウンセリングの基本テクニックである「傾聴」についてお伝えしましたが、さらに「共感」「受容」といった、心理カウンセリングに不可欠なポイントについて説明します。

(1) 共感

　心理カウンセリングにおいて、最も重要なポイントをひとつ挙げるとすれば、「共感する」ということでしょう。ただし、一般用語としての「共感」と心理用語としての「共感」は異なります。

　「つらい気持ち、よくわかります」というのは、共感ではありません。なぜなら、主語が「私」だからです。同情と共感の違いを表にまとめましたが、同情とは自分の枠組みの中で、自分の経験や価値観、記憶を基準として、相手の気持ちを理解することです。

　共感は「相手」の枠組みで、相手の気持ちを想像しながら理解していくことです。

　「(私は)つらい気持ち、よくわかります」は同情で、「(あなたは)今、とてもつらいのですね」というのが共感です。

　さらに、共感は「双方向」なので、自分が相手を理解すると同時に、相手が「理解された」と感じなければいけません。「ともに通じ合った感覚を共有すること」が共感です。

　共感的な聴き方ができるようになると、相手の信頼感が高まり、より深い部分で通じ合いながら話を聴くことができます。

　同情的な聴き方は、こちらの考えや判断を押しつけてしまったり、相手の感情に振り回されたり、うまくいかない場合が多いのです。同情と共感の違いを理解し、共感的な聴き方にシフトできれば、あなたの聴き方はものすごく上達するでしょう。

(2) 受容

受容とは、心理カウンセリングにおける基本的な態度で、相手の感情や言葉を無条件に受け入れること。相手を否定せず評価せずに、そのまま受け入れることです。相手は、「受け入れられた」「受け止めてもらえた」ということで、癒やしの効果が得られます。

受容とは逆の行為が、「話を中断、遮断する」「判断、意見を述べる」「アドバイス、助言する」などです。これらをやらないように注意するだけでも、聴き方は上達します。

心理カウンセリングでは、「自分の感情や考え方」をとりあえずおいておき、相手の感情や考え方にフォーカスし、そこに共感し肯定的に受け止める姿勢が重要です。

同情と共感の違い

	同情	共感
主体	自分自身 自分が主役	相手 相手が主役
枠組み	自分の枠組み 自分の経験・記憶から相手を理解する	相手の枠組みから相手の気持ちを理解する
目線	上から目線	同じ目線、横目線
関係性	上下関係	対等な関係
方向性	一方通行 受動的	双方向 能動的
感情	評価、判断 かわいそう、憐れみ 情に流される コントロール不能になりがち	そのまま受け取る 評価、判断しない 相手をリスペクト 冷静 コントロール可能
主観・客観	シンクロ、一方的な感情移入	客観的
基づくもの	自分の経験、価値基準、記憶	想像力

 カウンセラーになったつもりで「否定しない」聴き方をしよう。

CHAPTER3 LISTEN

24 楽に聴く
Relax and Listen

「受け止める」のではなく「受け流す」

　「精神科医は、一日中患者さんのネガティブな話を聞き続けますが、ストレスを受けて、おかしくなったりしないのですか？」とよく聞かれます。

　結論からいうと、なりません。なぜならば、「楽に聴く」ためのコツがあるからです。

　ビジネスマンの方も、お客さんのクレームや電話対応などで、相手のネガティブなエネルギーやストレスを受けてしまうことがあるでしょう。それが毎日のように続くと、メンタル疾患に陥るかもしれません。

のれんの法則

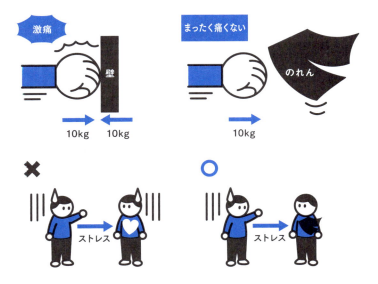

そうならないためには、相手の話を、のれんのようにやわらかく、フワッと聴いていくのです。私はそれを「のれんの法則」と呼んでいます。一言でいうと、「ストレスを受け止める」ではなく、のれんのように「ストレスを受け流す」のです。

　握りこぶしで、10キロの力でコンクリートの壁をドンと叩いてください。ものすごい激痛に襲われます。10キロの力で押すと、そのまま10キロの力で押し返される。これが、中学校の理科で習った「作用・反作用の法則」です。ほとんどの人は、10キロのストレスを真正面から受け止めようとするので、そのまま10キロのストレスが自分にのしかかってくるのです。

　では、握りこぶしで、10キロの力でのれんをパンチしてください。まったく痛くありません。20キロ、30キロ、全力でパンチしてもまったく痛くない。のれんがフワッと宙に舞うだけです。これが「のれんの法則」です。

　のれんになったつもりで、少し楽に構える。相手の話をやわらかく、フワッと聴くようにする。そんなやわらかい空気感を、非言語的にも相手に伝えていく。そうすると、相手のストレスを受けないだけでなく、相手もフワッと癒やされた気持ちになるのです。

のれんのように聴くコツ

・話を聴く前に「自分の心はのれんになった」とイメージする。
・やわらかで、フワッとした雰囲気で聴く。
・笑顔、仏様のようなやわらかい表情で聴く。
・楽な気持ちで聴き、楽な気持ちを相手に伝染させる。
・気持ちは中立。相手の話にのめり込み過ぎない。
・真剣、深刻になり過ぎない。
・怒り、イラ立ち、不安など相手のネガティブ感情をフワッと流す。

会話中にストレスを感じたら頭の中にのれんをイメージする習慣を。

CHAPTER3 LISTEN

25 英語を聞く
Listen to English

リスニング力は「表裏一体ノウハウ」で向上

　「聞く」ということで思い出されるのが、英語や外国語のリスニング（ヒアリング）です。大学受験でも「リスニング」を課している大学が多く、またTOEIC® 試験でも「リスニング」の点数配分は半分なので、英語を勉強する人にとって、リスニングは必須のスキルといえます。

　とはいえ、英会話の音声を聞いても、最初はまったく聞きとれないものです。スピーキングは自分のペースで考えて話すことができますが、リスニングは相手の話すスピードについていくことなので、自分でコントロールできないという難しさがあります。

　私は2004年にアメリカのシカゴに留学しましたが、その直前の1年間は毎日2～3時間英語の勉強をしました。なかなか上達しなかったリスニングですが、あることを始めて、飛躍的にリスニング能力が向上しました。その方法とは、「シャドーイング」です。

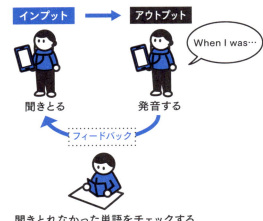

シャドーイングの表裏一体

インプットとアウトプットをほぼ同時に行う

インプット → アウトプット

When I was…

聞きとる　　発音する

フィードバック

聞きとれなかった単語をチェックする

シャドーイングとは、英語の音声を流しながら、聞きとった通りに発音し、復唱し続ける方法です。「影（シャドー）」が人を追いかけるように、つけ回すイメージです。インプット（聞く）した直後にアウトプット（話す）する。本書で繰り返しお伝えしている「インプットとアウトプット表裏一体ノウハウ」のひとつといえます。

重要なのは、聞きとれなかった部分は、発音できないということです。黙って聞いているだけでは、本当に聞きとれているのかわかりません。しかし、シャドーイングすれば、自分がどの単語を聞きとれて、どの単語が聞きとれていないのかが、100％明確になります。

聞きとれなかった単語は、スクリプト（英文テキスト）を見て、なぜ聞きとれなかったのかを必ずチェックします。「知らない単語だった」「音のつながり（リエゾン）が聞きとれなかった」などの原因が多いでしょう。知らない単語は何度聞いても聞きとることは不可能なので、スクリプトと照合する「フィードバック」のプロセスをしっかり行わないと上達しません。

シャドーイングというのは、やや上級者向けの練習法なので、聞きとれない箇所が多い人は、「リピーティング」や「オーバーラッピング」からスタートするといいでしょう。

リスニングの練習法

初心者向け ↕ 上級者向け		
	オーバーラッピング	音声を聞きながらスクリプトを音読する
	リピーティング	音声を聞いて復唱する（1文ずつ）
	シャドーイング	音声を聞きながら復唱し続ける（聞き流しながら）
	ディクテーション	音声を聞きながら、一字一句聞きとっていく

**英語の勉強にも
インプット／アウトプットの実践法を活用しよう。**

CHAPTER3 LISTEN

26 音楽を聴く1
Listen to Music 1

音楽を聴くなら「勉強中」より「勉強前」に

「勉強をするときに音楽をかけると、勉強ははかどりますか？」。結論からいうと**「勉強をするときに音楽をかけると、著しく効率が下がる」**という研究結果が多数出ています。

英グラスゴー・カレドニアン大学の研究によると、「テンポの速い曲」「テンポの遅い曲」「環境音」「無音」の4つの条件下で記憶力、注意力などを調べる認知機能検査を行ったところ、音楽や雑音がある群は、「無音」と比べてすべての検査得点が低下しました。特に「テンポの速い曲」の悪影響は大きく、「無音」と比べて記憶力テストの得点が約50％も低下したのです。

このように、作業に関係のない音があることで静かな環境のときよりも作業効率が悪化することは「無関連音効果」と呼ばれています。人間の脳は、一度に2つのことをこなす「マルチタスク」ができません。つまり、**「勉強する」と「音楽を聴く」は同時にやっているようで、脳の中ではそれらの処理を交互に行っています。**ものすごく脳に負担をかけて、結果として勉強の効率を著しく悪

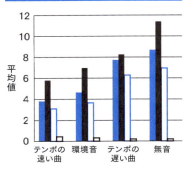

背景音の認知機能への影響

- ■ 記憶即時再生
- ■ 記憶自由再生
- □ 記憶遅延再生
- □ ストループテスト
（遂行機能と選択的注意の検査、結果が悪いほど得点は高く出る）

英グラスゴー・カレドニアン大学の研究。40人の被験者に対して「テンポの速い曲」「テンポの遅い曲」「環境音」「無音」の4つの条件下で記憶力、判断力などを調べる4つの認知機能検査を行った。
【結果】「無音」と比べて音楽や雑音がある群で、4つ全ての認知機能が低下した。特に「テンポの速い曲」では「無音」と比べて記憶力テストの得点が約半分に低下した。
(Cassidy, 2017)

化させるのです。

記憶や読解は「言語脳」を使いますから、歌詞のある曲は「言語脳」に負荷をかけるので特によくありません。

とはいえ、好きな曲を聴きながら勉強すると勉強がはかどる気がするのはなぜでしょう？ カナダ・マギル大学の研究で、好きな音楽を聴いていい気分になっているとき、脳内でドーパミンが分泌されていることが明らかになりました。ドーパミンが出ると「楽しい」気分になりますが、実際に勉強中の効率が上がっているかは別の話です。

東北大学の研究によると、速いテンポの曲または遅いテンポの曲を聴かせたあとに短期記憶課題を行ったところ、速いテンポの曲を聴いた場合、左下前頭回（短期記憶に必要な部位）が活性化し、短期記憶が向上したという結果が得られました。

つまり、**仕事や勉強の開始前に、テンポの速い曲や、自分の好きな曲を聴いてテンションを上げるのは、脳科学的に効果がある**といえます。

以上をまとめると、音楽を活用した勉強法としては、勉強開始10〜15分前に、自分の好きな曲、テンポの速い曲を聴く。勉強を開始したら音楽は止めて、静かな環境で勉強する。休憩時間にまた音楽を聴き気分転換する。そんなふうに上手に音楽を活用すると、あなたの勉強効率は大きくアップするはずです。

音楽は勉強前に聴け！

勉強前	勉強開始10〜15分前に好きな曲、テンポの速い曲を聴く →	短期記憶↑ ドーパミン↑
勉強中	音楽を止めて静かな環境で勉強 →	集中力↑

 プロレスラーの入場曲のように「勉強のテーマ」を決めておこう。

27 自然音を聞く
Listen to Natural Sounds

作業効率を高めてくれる「少しの雑音」

「無音」がいちばん勉強がはかどるという研究結果（96ページ）が出ていますが、「静か過ぎると逆に集中できない」という人もいるかもしれません。

マウスの実験では、完全に無音の状況では記憶ができず、ホワイトノイズ（テレビの砂嵐の音）を聞かせると学習効率が高まります。

では、人間ではどうでしょう。ストックホルム大学の研究によると、普段集中力が足りない生徒にホワイトノイズを聞かせると、学習効果が上がりましたが、逆に集中力が高い子どもにホワイトノイズを聞かせると、学習効果は低下しました。

「静かな環境」がはかどるのか、「少しの雑音」があったほうがはかどるのかは、個人差があるのです。私はもっぱら「無音派」ですが、「雑音派」の人もいるということです。

「家の静かな環境よりも、カフェのほうが仕事がはかどる」という人は、雑音派と考えられます。雑音といってもあまりにも騒がしいのは逆効果で、「静かなカフェ」くらいがいいとされます。

「雑音派」の人は、波の音、風の音、鳥のさえずりなどの自然音を小さな音量で聞きながら勉強、作業をするというのはアリで

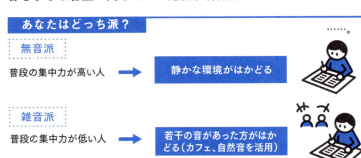

す。YouTubeで「自然音」「環境音」で検索すると、お気に入りの音源を見つけることができます。

自然音には、アルファ波が増えてリラックス効果がありますので、休憩時間に気分転換として聞くのもいいでしょう。

YouTubeなどで流行っている「集中力アップ音源」は効果があるのか、という質問もよくあります。結論は、「雑音派」の人には一定の効果があるでしょうが、「無音派」の人にはマイナスになるかもしれません。

私はカフェに行ったとき、大声で話しているお客さんがいる場合は、スマホで「集中力アップ音源」を聞きます。「人の声」は「言語情報」なので、集中力や作業効率を著しく低下させます。それを相殺するのに「自然音」や「集中力アップ音源」は使えます。

私がカフェで仕事をするときに必須なのは、BOSEのノイズキャンセリングヘッドフォンです。隣に大声で会話する人がいても、ほぼ気にならない程度まで雑音をカットしてくれます。満員電車の車内でも、ものすごく静かな環境が実現します。騒がしい環境でも集中力を高めてインプットすることができる便利ツールです。

自然音の効果

1	「雑音派」の人は、無音よりも仕事がはかどる	集中力↑、仕事力↑
2	カフェで聞くと、「人の声」の相殺効果	集中力↑、仕事力↑
3	小学校の生徒に鳥の鳴き声を聞かせたら、集中力が高まった	集中力↑
4	1/fゆらぎ成分により、アルファ波がアップ	リラックス効果
5	副交感神経が優位になる	リラックス効果
6	寝る前に聞くと睡眠に入りやすい	睡眠導入効果
7	波の音などは、胎児が胎内で聞く音に似ている	安心効果
8	可聴領域を超えた高周波成分に癒やしの効果	リラックス効果 癒やし効果

自分にとって心地よい作業環境を見つけよう。

28 音楽を聴く2
Listen to Music 2

「作業」「運動」をするときに聴くと絶大な効果

　勉強中に音楽をかけると学習効率が低下します。しかし、音楽をかけたほうが仕事がはかどると感じる人は多いはずです。

　仕事と音楽についての約200論文を分析した研究によると、「音楽を聴くと仕事がはかどる」とする研究と「音楽を聴くと仕事の邪魔になる」とする研究がほぼ同数となりました。

　結局のところ、どんな仕事、どんな作業をするのかによって、結果が大きく異なります。細かく見ると、記憶力、読書（読解）に対してはマイナス。作業スピード、運動、気分に対してはプラスに働くことが多いという結果です。

　オートメーションの流れ作業など、手先を動かすような単純作業の場合、音楽をかけたほうが作業効率は上がります。実際、「流れ作業」のラインで音楽をかけて、作業効率をアップさせている会社もあります。

　また医療の世界では、外科のドクターは、「手術中は自分の好きな音楽をかけたほうが集中できる」という人が多く、ほとんどの手術場では執刀医のお気に入りの音楽が流れています。それは、手術は「作業」だからです。

　手順や段取りが決まっている作業、あまり頭を使わない単純な作業に関しては、音楽はプラスに働きます。

　また、アスリートには練習中や試合の直前に音楽を聴く人が多いですが、運動に対する音楽の効果はどうでしょうか。

　イギリスのブルネル大学の研究では、長距離ランナーに「クイーン」や「マドンナ」の曲を聴かせたところ、走行距離が18％伸び、タイムも短縮しました。また、イギリスのシェフィールド・ハラム大学の研究では、BGMがある場合は、同じ運動にもかかわらず、ない場合よりも7％の酸素消費量の低下が見られました。音楽は、

運動に対して極めていい効果を発揮するのです。

音楽は人間に同期反応を誘発し、音響リズムが運動リズムを引き起こすことが報告されています。速いリズムの曲を聴くことで、速いピッチで走ることができる。自分の運動リズムに合わせたテンポの曲を選ぶことで、音楽の運動への効果を最大化することができます。

また、自分の好きな曲を聴くことでドーパミンが分泌するので、苦しさ、つらさを緩和してくれます。腕立てスクワットなどの苦しい筋トレをする場合、音楽を上手に活用するとトレーニングが楽になるでしょう。

音楽は「作業」「運動」に対してはプラス、「勉強」「記憶」に関してはマイナス。こうした特性を理解して、音楽を上手に活用したいものです。

音楽の効果

	作業	運動	気分
プラス ＝はかどる			

	勉強	記憶	読書
マイナス ＝邪魔になる			

シーンに合わせて上手に活用することが大切

**単純作業の仕事のときは
アップテンポの曲をかけて早く乗りきろう。**

29 音楽を聴く3
Listen to Music 3

適切な曲の選択で気分をコントロール

「勉強中に音楽を聴くとマイナスである」という話を聞いて、がっかりした人も多いでしょう。しかし、音楽は上手に活用すると、リラックスしたり、気分をアップさせたり、あなたに勇気を与える効果もあります。

音楽には、「作業」「運動」に対してプラスに働きますが、もうひとつ「気分」に対する効果もよく知られています。

モーツァルトやバッハなどのクラシック音楽を聴くと、副交感神経が優位になって心拍数が下がり、脳波でアルファ波が増えセロトニンもアップします。つまり、リラックスした状態になるのです。また、アセチルコリンもアップするので、記憶力や創造力が増強されます。

一方、ハードロックのようなアップテンポの激しい曲を聴くと、交感神経が優位になって心拍数が上がります。つまり、テンションが上がるのです。

音の大きさも関係があり、音が大きいと興奮系、音が小さいとリラックス系の効果があります。

また、自分の好きな曲を聴くとドーパミンが分泌されますが、好きではない曲ではドーパミンは出ません。

つまり、どんな音楽を聴くかによってリラックスしたり、テンションを上げたり、気分をコントロールできるのです。

人前で話すのが苦手で心臓がドキドキするという人は、プレゼンテーションの前にモーツァルトを聴くと気分を落ち着けることができます。逆に、気分上げてノリノリでプレゼンしたい人は、ハードロックを聴けばいいのです。

上司に叱られて落ち込んでいるときに、お気に入りの曲を聴いてドーパミンを出せば、元気と勇気が湧いてくるはずです。

就寝前に45分間クラシック曲を聴くと、86％の被検者が睡眠の質がよくなった、という研究があります。寝る前にクラシックやヒーリング音楽、自然音を聴くと、**アルファ波が増えてリラックス状態に入るので、睡眠に入りやすく、睡眠の質も向上**します。
　しかしながら、睡眠中に音楽が鳴っていると睡眠を妨げますので、必ず音楽を切って寝るか、タイマーで自動的に切れるように設定してください。
　このように音楽を上手に活用すると、あなたの生活に潤いをもたらし、楽しく活発に活動するのに役立てることができるのです。

音楽で気分を調整する

クラシック ＝リラックス　　副交感神経優位、心拍数↓
　　　　　　　　　　　　　　セロトニン↑、アセチルコリン↑

プレゼンの前、
緊張しているとき、寝る前など

ハードロック ＝テンション↑　交感神経優位、心拍数↑

好きな曲 ＝ハッピー　　ドーパミン↑
　　　　　　　　　　　　楽しい、元気↑

上司に怒られて
落ち込んでいるときなど

 **気分のシーン別に
聴きたい曲リストをつくっておこう。**

THE POWER OF INPUT

CHAPTER4
すべてを自己成長に変えるものの見方

WATCH

30 観察する
Observe

相手の心をとらえ、変化や流行にも敏感に

　子どもの頃、『シャーロック・ホームズ』にはまった人は多いと思います。私も中学の頃に読んだ『緋色の研究』の一節が今でも忘れられません。

　ホームズが初めてワトソンと出会うシーン。部屋に入って来たワトソンに、いきなりホームズはいいます。「アフガニスタンにおられたのでしょう？」。ワトソンは驚きます。ホームズは、なんの予備情報もなく、純粋に観察だけでワトソンが元軍医でありアフガニスタンにいたことを見抜いてしまったのです！

　観察っておもしろい！　自分もこんな観察力を身につけたい！

　そんなことを思った私は現在、「人を観察する職業」ともいえる「精神科医」をしています。観察力もかなり磨かれて、初診の患者さんが診察室に入ってきてから座るまでの15秒で、ある程度診断の候補を絞ることができます。

　観察力を磨くと、6つのメリットが得られます。

(1) コミュニケーション力がアップする

　人を観察することは、「言葉」（言語情報）ではなく外見、つまり視覚情報を集めることを意味します。観察力が高いということは、相手の非言語情報をたくさん集めることができますので、非言語コミュニケーション能力が高まるのです。

　非言語情報を集めることで、相手が何を考えているのかも正しく洞察できるようになります。相手の気持ちがわかるということは、ビジネスにおいても、恋愛や人間関係の構築においても圧倒的に有利です。

(2) 人間関係が良好になる

　あなたの妻や恋人が、髪型を変えた。家から帰ってきたあなた

は、それにまったく気がつかない。女性は思いっきり不機嫌になる。もしあなたが、玄関を入った瞬間に「あっ髪切ったんだ、その髪型すごく似合うね」といえば、機嫌は一気によくなるでしょう。

「細かいところまで見てくれている」ということは、「自分に対して興味・関心を持っている」ということ。ちょっとした相手の変化を言葉にするだけで、相手との親密度がアップします。

(3) 情報収集力が上がる
(4) 自己成長のスピードがアップする

観察力とは、脳への情報の入り口です。観察力のない人は、1本の映画から「30」の情報しか取れませんが、観察力が高い人は、1本の映画から「100」の情報を取れます。同じ時間で同じ映画を観ているのにインプット量は3倍となります。結果として、自己成長のスピードも3倍です。

また、きちんと観察をすることで、意思決定と行動がスピードアップし、突発的な出来事にも臨機応変に対応できるようになり

ホームズの観察力

初めてワトソンと会ったホームズ

「アフガニスタンにおられたのでしょう?」

> ここに医者タイプの紳士がいる。しかし雰囲気からすると、軍人らしくもある。ならば明らかに軍医だろう。黒い顔をしているから、暑い土地から帰国したばかりと見えるが、手首の色は白いから、もともと色黒なのではない。やつれた顔からもわかるとおり、ひどく苦労して、病気にもやられたらしい。左腕に怪我もしている。腕の動かしかたがぎこちなく、不自然だ。わが英国陸軍の軍医殿が、それほどの苦難に遭遇し、しかも腕に負傷までする暑い土地といったら、はたしてどこだろう? アフガニスタン以外にはありえない。

引用:『緋色の研究』(アーサー・コナン・ドイル著、深町眞理子訳、東京創元社、2010年)

ます。

　観察力を高めることで、情報収集量がアップし、インプット時間をかけずにどんどん成長できるのです。

(5) 変化に敏感になる
(6) ビジネスで成功する

　通勤途中に新しいラーメン屋さんがオープンしました。観察力が高い人は、オープン当日に気付きますが、観察力が低い人は、1週間経っても気付きません。観察力が高いと、「変化」に気付きやすくなります。それは、流行に敏感になるということ。次に何が流行するかも見えてきます。

　最近、アウトプット系の本が増えているので、「アウトプット」をタイトルにしたアウトプットの決定版を出せば売れるかもしれない、と予測できる。結果、それが的中して『アウトプット大全』がベストセラーとなりました。

　変化や流行が読めれば、ビジネスで成功することは簡単です。それができるようになるためには、観察力を磨くことです。

　観察力を磨けば、人間関係もビジネスもすべてうまくいくでしょう。

観察力のある人とない人の違い

映画

受け取る情報量

観察力のある人 → 100 → 飛躍的自己成長

ボーッと見ている人 → 30 → ボチボチ

精神科医は何を観察しているのか？

- 姿勢、歩き方
- 視線、目を合わせるか、キョロキョロ（対人恐怖、不安）
- 目に力はあるか（意思、意欲、エネルギー）
- 目にクマがあるか（睡眠状態）
- 身だしなみ、化粧、髭、髪（寝グセ）
- 服装　シワシワ、場違いではないか（社会性）
- 栄養状態（頬のこけ、肌つや、顔色）
- 体格、体型、筋肉質、肥満 or 痩せ
- 感情（憤り、無気力、焦燥感、不安）
- 表情（かたさ、表情筋の動き、笑顔）
- 動作（遅い、速い、落ち着き、力強さ）
- エネルギーがあるか、ないか
- 家族との関係性（ひとり or 家族と来院）

↓

15秒でこれらを瞬時に観察して診断に役立てる

OODA（ウーダ）ループを回せ

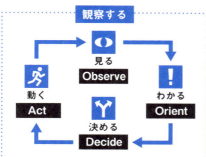

アメリカ空軍パイロットが提唱したOODAループ。PDCAサイクルでは、予測不能、突発的な出来事に対応できないが、OODAでは臨機応変な対応が可能。

きちんと観察すると、すばやく行動できる。

 まずは身近な家族の変化をチェックしてみよう。

CHAPTER4　すべてを自己成長に変えるものの見方

CHAPTER4 WATCH

31 観察力を磨く
Improve Observation Skills

「観察＋なぜ？」の繰り返しでトレーニング

　観察力を磨くと絶大なメリットがあるとお伝えしました。では、具体的にどうすれば観察力は磨かれるのでしょうか？

（1）アウトプットを前提にする

　「あとでブログに書こう」と思うだけで、詳しく観察するようになります。昔、スープカレーのホームページをやっていたときに、それを実感しました。

　骨付きチキンは「ボイル」なのか「焼き」なのか。ブロッコリーが1個なのか2個なのか、茄子は素揚げしてあるのか？　普通の人は気にしないところも、すべて観察してメモしていかないと、記事としてまとめられません。これを繰り返すことで、見た瞬間に把握できるようになります。

（2）ホームズ流観察トレーニング

　私が暇なときにやっている観察力トレーニングがあります。

　電車に乗っている人を見て、その人の職業、あるいはその直前に何をしていたのかをあてるというゲームです。

　たとえば、金曜夜10時の電車。スマホでメールを打っている20代後半女性。顔がほんのり赤いので飲み会帰り。服装はフェミニンなワンピースでお化粧もしっかりしているので、会社の飲み会ではなさそう。おそらくは、異性と会っていた。まだ、10時と時間が早め。つまり1次会で帰っているので、それほど深い関係ではない。彼氏なら付き合い始めたばかりか、彼氏未満の親しい友人。メールは、「今日は食事どうもありがとうございました」的な内容。楽しそうな表情が見られるので、明らかに相手に強い好意を抱いている。彼氏未満の相手ともっと親しくなりたい、と思っている。そんなところであろうか。

正解かどうかはわかりませんが、ここまで妄想できれば、間違いなく観察力は磨かれます。

(3)「なぜ？」を突き詰める

　ほとんどの人は、日常生活の中で「あれっ？」と思っても、それを放置します。

　たとえば、街を歩いていて行列ができていたら……。普通に通り過ぎる人がほとんどでしょうが、私は「これ、なんの行列ですか？」と聞いてみます。新作ゲーム発売の行列とわかれば、若者をそこまで熱中させるゲームがあるのかとわかります。あとでさらにそのゲームについて、ネットで調べてみます。

　「観察＋なぜ？」によって新しい世界が広がります。さらに、「なぜ？」によって、次の新しい観察が生まれるので、観察力がどんどん鍛えられます。

日常で常に「なぜ？」を意識する

こうした「なぜ？」を突き詰めるクセをつけることが、流行に敏感になることであり、結果として仮説を立てて、未来予測もできるようになります。
　「観察＋なぜ？」を繰り返すことで気付きの連鎖が起きるのです。

(4) 相手の気持ちを読んでみる

　人と話をしているときに、常に「今、何を考えているんだろう？ どう感じているだろう？」を表情、動作、視線など非言語情報から読みとるように努力します。

　たとえば、精神科医の私の場合、「抗うつ薬を処方しますね」と患者さんに質問した瞬間に、患者さんの表情がどう変わるのか観察します。やわらかな表情が見られれば、「薬が処方されて安心した」ということ。怪訝な表情をしたのなら、「薬は飲みたくない」ということ。薬の効果や安全性について、いつも以上に詳しく説明するようにします。

　あるいは、友人と話しているときに、相手の心の中を読んで、それを相手にいってみる。「昨日、何かいいことあったでしょう？」。的中すると、「えっ！ どうしてわかったの」と相手はびっくりします。

(5) 街歩き

　普段行かない街をブラリ歩きすると、いろいろな発見、気付きが得られます。ただ歩いても何も目に入ってこないので、「おもしろいものを見つけよう」という意思を持つこと。そして、「おいしそうな店」「雑貨屋」「神社、寺」など、テーマを決めて歩くと、より多くの発見があります。

　当然、AZ で観察し、観察結果はブログなど文章にまとめること。読者があっと驚くようなユニークな切り口で新しい発見ができたならしめたものです。

(6) 映画を観る

　映画は最高の観察力トレーニングになります。2時間の中に膨

大な視覚情報が詰め込まれているので、それをどこまで観察し、読み解いていけるのか。人物に注目すれば人間観察力がつき、背景や小物、小道具に注目するのもおもしろい。これまた AZ で観察し、観察結果は、映画感想、映画批評としてブログなど文章にまとめることが必須です。

（7）絵画鑑賞

『観察力を磨く 名画読解』（エイミー・E・ハーマン著、早川書房）というそのものズバリの本も出ているように、絵画鑑賞をすると観察力が鍛えられます。映画は映像という動的な観察力が鍛えられるのに対して、美術は1枚の絵（静止画）。その背景、服装、ポーズ、小物など細かく描かれたディテールに重要な意味や具象が隠されているといいます。音声解説を手がかりに、作品のディテールに目を配るといいでしょう。

「街歩き」「映画を観る」「美術鑑賞」については、本書の後半でそれぞれ詳しく解説していますので、そちらも参考にしてください。

「見る」インプット力は、観察力で決まる

 探偵になったつもりで
相手の心理を想像しながら会話しよう。

CHAPTER4 WATCH

32 表情を読む
Read Faces

一瞬で相手の真意がわかる「リトマス法」

「相手の真意がわかれば、どんなに人生は楽になるだろう」と思うことはありませんか。特に好きな人がいる場合。相手が自分に好意を持っているのか、いないのか。誰でも知りたいですよね。

告白すれば相手の気持ちはすぐにわかりますが、「もし告白しても断られたら傷つくので、告白できない」という人がほとんどです。しかし、勇気を出して告白しなくても、相手があなたに好意があるのか、一瞬でわかる方法があります。

相手の表情から相手の心を読むことは、それほど難しくありません。たったひとつ質問するだけで十分です。ある質問をして、そのときの相手の表情の変化を鋭く観察します。これで、相手が何を考えているのかを、かなりの精度で予想することが可能です。

私は、これを「リトマス法」と呼びます。「リトマス法」とは、シナリオ用語で「ある刺激（言葉、事件、道具）を与えて、登場人物の感情を浮かび上がらせる技法」のこと。酸性、アルカリ性を判定するリトマス試験紙が語源です。

あなたの意中の人に、「今度、ごはんに行きませんか？」と質問します。

あなたのことが嫌いでも「いえ、結構です」と瞬間的に断る人はまずいません。「そうですね」とあいまいな答えが返ってきます。仮にあなたのことが大好きだとしても、「行きたいです！」と即答する人も少ない。女性は自分を軽く見られたくないので、「そうですね」とやはりあいまいな返事が返ってきます。彼女の真意はどちらでしょう？　それは、「表情の変化」に表れます。

食事に誘った瞬間、表情が曇る。ネガティブな表情が出た場合は、困惑している、つまりあなたに対して好意を持っていないと

いうことです。

食事に誘った瞬間、表情が明るくなる。微妙な笑顔、ポジティブな表情が出た場合は、ウェルカムのサインです。

人間、自分の気持ちを隠そうと「取り繕い」の心理が働きますが、**質問された直後は本音が一瞬だけ表情に表れるのです。**

リトマス法はあなたの仕事にも応用できます。たとえば、私が不眠症の患者さんの診察をしていて、診察の最後に「睡眠薬を出しましょうか？」と質問します。薬を飲みたいのか、本当は飲みたくないのかが、一瞬の表情変化に表れます。

最初のうちは難しいかもしれませんが、普段からいろいろな場面でこのリトマス法を練習していくと、極めて高い確率で、相手の心の中の本音の「イエス」「ノー」を読みとることができるようになります。

「リトマス法」で相手の気持ちを読む

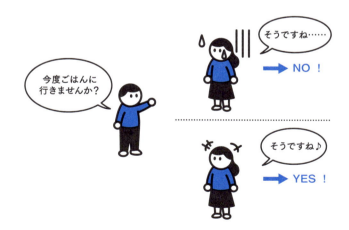

 リトマス法に使えそうな質問を相手別にストックしておこう。

33 見直す
Review Repeatedly

2週間に3回以上のインプットで記憶が定着

　人の話を聞きながらノートやメモをとることの重要性は、すでに理解いただけたと思います。では、書いたノートやメモは見直したほうがいいのか、それとも必要ないのか？　見直しが必要ならば、どのくらいのタイミングで何回ぐらい見直せばいいのか？

　情報の入力から2週間で3回以上アウトプットすると、長期記憶に残りやすくなる。これが脳の記憶の法則です。この「2週間で3回以上アウトプット」というのはひとつの目安であって、その真意は「脳は何度も使われる情報を、"重要な情報"と判断して記憶に残す」ということ。つまり、必ずしもアウトプットでなくても、反復するインプットでも記憶に残りやすくなるのです。

　たとえば、重大な事件が起きたとき。昼のニュースでも、夕方のニュースでも、夜のニュースでも取り上げられる。1日に3回も同じニュースを耳にした場合、さすがにそのニュースは記憶されるはずです。

　「聞く」というインプットは、アウトプットしなくても、短期間でインプットが繰り返されると記憶に残ります。脳がその情報を「重要」と判断すれば、インプット、アウトプットにかかわらず記憶に残るのです。

　電車の中で高校生が、単語帳で英単語のチェックをする場合。本当はその単語のスペルを書いて、口に出して発音する（アウトプットする）のがいちばんよい復習の方法です。しかし、満員電車だとそれができません。仕方ないので、頭の中でスペルを思い浮かべる（想起する）ことである程度代用が可能です。

　アウトプットが"いちばんの復習法"ですが、できない場合は「見直す」「思い出す」などのインプット的な復習法でも、何もしないよりは100倍いいのです。

私は、仕事の打ち合わせ、セミナーや講義の受講の記録、読書感想、映画感想などを1冊のノートにまとめています。次の仕事の打ち合わせでノートを開きますが、相手が来るまで何分かのスキマ時間ができます。そのときにここ1〜2週間のノートの記録を見直します。前回の仕事の打ち合わせや、セミナー受講の記録などを、パラパラと見直していく。それによって、記憶が強烈に強化されます。

　「2週間で3回以上のアウトプット」改め、「2週間で3回以上のインプット」でも記憶を強化します。ノートを開くたびに、最近の記録を復習すると、「2週間で3回以上」見直すことになるので、ノートに記録した内容がバッチリ記憶されます。

復習する

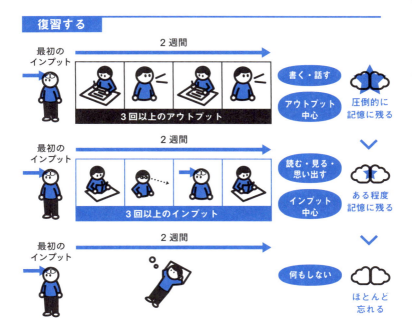

 打ち合わせは5分前には着席しノートを見直す時間に充てよう。

34 メモを見直す
Review Notes

アイデアを大きく育てる「メモの整理」

　"「記録」ではなく「知的生産」のためにメモをとる"——SHOWROOM代表、前田裕二氏のベストセラー『メモの魔力』(幻冬舎、2018年) の一節です。

　メモには「記録」「備忘録」と「知的生産を高める」という2つの役割がありますが、重要なのは後者です。アイデアやひらめきを蓄積し、自らの「第二の脳」としてメモを活用すべきです。

　ノートの目的は「記録と記憶」、メモの目的は「知的生産」なので、メモはノートのように2週間に3回見直す必要はありません。

　私の「メモ帳（ネタ帳）」の活用法はたった2つ。非常にシンプルです。

(1) 困ったときに見る

　ネタ帳ですから、ネタがなくて困ったときに見るのがいちばんです。メルマガを書こうとするとき、書くネタがない。「何かおもしろい話はなかったかな？」というときにネタ帳を開けば、材料がたくさん見つかります。ブログなどで情報発信をしている人は、普段からネタ帳を充実させておくことが必須です。

　会社で「今週末に、企画書を提出してください」といわれ、いくら頭をひねってもいいアイデアがまったく浮かばない、ということはありませんか？　いいアイデアは、そう簡単には思いつきません。将来に備えて、自分の仕事に役立ちそうな情報やニュースをネタ帳に蓄積しておくこと。そうすれば、「アイデアを出せ」と急にいわれても、ネタ帳を見ればいいだけです。

(2) 数カ月に1回整理する

　数カ月に1回、時間に余裕のあるとき、「メモ帳（ネタ帳）」の整理を行います。

「メモ帳（ネタ帳）」には、「気付き」「アイデア」「ひらめき」「TODO（すべきこと）」「どうでもよいことだけど、そのときはおもしろいと思ったこと」「あとで使えそうなニュース」「キーワード、単語」など、種々雑多の内容が記録されています。

それを、ジャンルごとにコピペし、表にまとめて整理します。あるいは、それを印刷して、さらにアイデアをつけ加えます。そんな「整理」の作業を行うことで、意外な発見、あるいは「発想、ひらめきの連鎖」が起こります。発想というのは、情報の組み合わせ、かけ算だからです。

最初は「つまんないけど、とりあえずメモしておこう」という「小さなアイデア」が、数カ月すると「これ、すごいじゃない」と「ビッグアイデア」であることに気付くこともあります。

専門用語ではこれを「孵化（インキュベーション）」といいます。鳥が卵をあたためて雛がかえるイメージです。アイデアは、時間をおくことでよりよいものに育っていきます。

ですから、「時間」をおいて「メモ帳（ネタ帳）」を見直す、整理することで、大ヒットにつながるビッグアイデアを得ることができるのです。

CHAPTER4 すべてを自己成長に変えるものの見方

メモを見直す

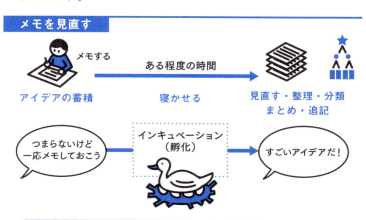

 何かおもしろいアイデアがないか、去年の手帳を見直してみよう。

35 テレビを見る 1
Watch TV 1

「ただの娯楽」を「貴重なインプット源」に

　若者はテレビを見なくなってきたといいますが、実際のところどうなのでしょう。総務省の情報通信白書（2017年）によると、全年代の平均テレビ視聴時間159分に対して、ネット利用時間は100.4分。10代、20代ではネットの利用時間がテレビ視聴の約1.5倍で、30代ではほぼ拮抗。40代以上ではテレビが上回ります。

　20代でもテレビ視聴時間は91.8分ですから、1時間半も見ています。日本人の平均読書時間は約30分なので、いまだに日本人にとって最も時間が費やされているインプット源が「テレビ」なのです。

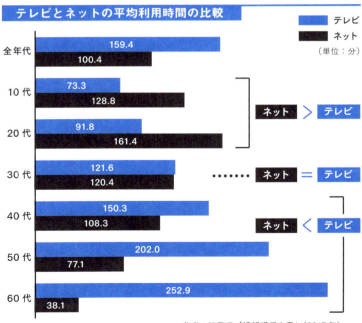

参考：総務省「情報通信白書」（2017年）

では、「3カ月前に見たテレビの内容、覚えていますか？」と聞かれたら、答えられるでしょうか？　連続ドラマであれば、ストーリーを覚えているかもしれませんが、それは感情を刺激するから。毎日見ているニュースや情報番組、バラエティの内容は、ほとんど記憶にないのです。

「記憶がない」のは、ただの「ザル見」なので、自己成長に寄与しません。ただの時間の無駄になってしまいます。

テレビといえば、「時間の無駄遣い」の代名詞のようにいわれますが、1日2時間半も見られているからこそ、これを貴重なインプット源にできれば、人生を変えるインパクトがあります。

あるいは、テレビ視聴時間を減らせば、そこから膨大な自由時間が生まれます。「ただの娯楽」「時間の浪費」のテレビ視聴を、自己成長につながる「貴重なインプット源」に変える方法をお伝えします。

(1) アウトプット前提で見る

アウトプットしないものはほとんど忘れますから、「おもしろい情報」や「気付き」があれば、必ずメモをとりましょう。また、「お

同じテレビを見ても……

見たい番組だけ見る 目的を持って見る	積極的視聴（能動的）	自己成長 ↗
なんとなく見る とりあえずテレビをつける	消極的視聴（受動的）	時間の無駄……

CHAPTER4　すべてを自己成長に変えるものの見方

もしろい情報があればメモしよう」とアウトプット前提で見ることで、自分にとって必要な情報、役立ちそうな情報にアンテナが立ち、「ザル見」から「集中力高く見る」に切り替わります。

私は『情熱大陸』が大好きですが、人物が心に響く言葉をいったら、すかさずメモします。それをあとでTwitterでつぶやいたり、SNSにも記録する。あるいは、話を膨らませてメルマガにも記事を書いてみる。あとでそれが、本のネタになったりするのです。

ただボーッと見るテレビは、「時間を無限に奪いとる装置」です。AZで見るだけで、それが「最高の情報収集装置」に変わるのです。

(2) ネタを集める

ブログなどの情報発信を始めた人は必ず「毎日、ブログに書くネタがありません」といいますが、テレビを1番組見れば、ブログ1記事は書けます。「昨日見た番組で〇〇と言っていましたが、私は××だと思います」という具合に、「テレビ番組＋自分の意見」でできあがり。

テレビはネタの宝庫です。テレビのスタッフが必死に集めた最近の流行やトレンドを、無料で教えてもらえる。実はすごいことです。

ただ、ほとんどの人は、テレビは「ザル見」で見ているので、「これおもしろい！」と思っても、番組が終わる頃には忘れています。「これおもしろい！」と思った瞬間にメモしないといけません。スマホでも手帳でもなんでもいいし、キーワードだけ、または1行だけでもいい。これを1カ月も続けると、膨大なネタ帳ができあがります。

情報発信をしていない人でも、普段の「雑談のネタ」として記録しておけば、「話題豊富なおもしろい人」として好感度がアップします。「おもしろいネタ」は、コミュケーションの潤滑剤です。

(3) マーケティングに役立てる

みんなが知りたいことを書けば、ベストセラー本ができあがります。みんながほしい商品を売れば、大ヒットします。大衆の心

理や嗜好をつかむことは、ビジネスにおいて絶対に必要です。それは、ひとりで部屋にこもって考えて出てくるものではありません。

テレビは、「大衆」「みんな」「多くの人」を対象にしているので、「大衆の心理」に近付くことができます。個人、あるいは自社で1,000人のアンケートを集めるにはものすごい時間とコストがかかりますが、テレビではそうした貴重な情報が無料で流れています。マーケティングに役立てない手はありません。

その場合も、やはりアウトプット前提。ピンときた情報はすかさずメモすることを忘れないようにしましょう。

テレビは最高のインプット源

アウトプット前提でテレビと向き合おう

 テレビに対する意識を変え、アウトプット前提で向き合おう。

36 テレビを見る 2
Watch TV 2

テレビを自己成長の味方にする魔法の時間術

　テレビの最大のデメリットは、時間を際限なく奪われるということ。しかし、時間を無駄にしない効率的なテレビの見方があります。

(1) テレビは録画で見る

　実のところ、テレビはまったくの時間の無駄というわけではありません。自分がどうしても見たい番組を見るのは楽しいし、最高の娯楽であり、気分転換にもなります。

　問題なのは、「見たくもない番組」を惰性でダラダラ見てしまうこと。自分の好きな番組を見ていたら、最後に次の番組の宣伝が入って、ついつい見てしまう……という、テレビ局の術中にハマっている人がほとんどです。

　誘惑に弱い人でも、「見たくない番組」を見てしまうのを、完全に遮断する方法があります。それは、「テレビは"録画"で見る」ということです。私の経験ですが、ニュース、スポーツ以外をすべて録画にしたところ、テレビ視聴時間が3分の1に減りました。録画した番組の3本に2本は見ないのです。

　テレビ視聴時間に占める「録画視聴」の割合は、たったの9.7％です（参考：「総務省情報通信白書」）。ほとんどの人は、テレビをリアルタイムで見ています。

(2) スキマ時間に見る

　テレビの前に座って「テレビだけを見る」というのが、私としては時間の無駄に思えます。

　私は民放公式テレビポータル「TVer（ティーバー） https://tver.jp/」を活用しています。民放の主要な番組を1週間無料で視聴でき、パソコンからもスマホからも見られるので、移動中のスキマ時間でも見られます。

テレビドラマ1本50分。帰りの通勤電車でちょうど見終わることができます。そうすれば、家での「50分」をもっと別の時間に振り向けることができます。

（3）運動しながら見る

　「運動しながらテレビを見る」というのが、私のマイブームです。スポーツジムで、ウォーキングマシンで歩きながら、スマホの「TVer」アプリでテレビドラマを見るのです。ウォーキングマシンで30分歩くのはとても大変で、つらく、苦しい。でも、おもしろい番組を見ていると、あっという間に60分が過ぎます。

　「おもしろい！」が、運動の「苦しい」を中和してくれます。何もしなければ30分しか歩けないところを、無理せず、というかむしろ楽しみながら運動量を2倍にする。魔法の時間の使い方です。

　テレビが悪いのではありません。悪いのは、ボーッとダラダラと見てしまう、「テレビの見方」です。

効率的なテレビの見方

 ダラダラ見る　　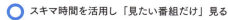 スキマ時間を活用し「見たい番組だけ」見る

時間の無駄　　　　　自己成長加速

 1週間の中で「本当に見たい番組」を書き出してみよう。

CHAPTER4　すべてを自己成長に変えるものの見方

CHAPTER4 WATCH

37 映画を観る
Watch a Movie

大画面の中に気付きがある「人生の教科書」

　「NTT コム リサーチ」の調査によると、「直近1年以内に映画館で映画鑑賞をした人」の割合は、35.3％でした。映画は、「娯楽」「エンターテイメント」と考える人が多いでしょうが、映画を観ることでさまざまなメリットが得られます。

　私は、学生時代は年間200本、社会人になってからも年間100本前後、映画館で映画を観続けています。映画なくして今の私は存在しない、といっても過言ではないでしょう。

　映画をより楽しみながら、さらに自己成長につなげていく、「樺沢流映画の楽しみ方」を7つお伝えします。

(1) 映画館で観る

　私は、映画はほとんど映画館で観ます。やはり映画は、映画館で観てほしい。なぜならば、「映す画」と書いて「映画」、大スクリーンに映したとき感動が最大化するようにつくられているからです。パソコン画面やスマホで観ると、役者の細かな表情や、背景の小道具などが目に入らなくなってしまいます。

　また、他のお客さんの「笑い」や「反応」を共有しながら観ることで、感動やおもしろさが増幅します。映画は視覚だけではなく、音響、さらに爆音のような振動も含めての「体験」です。五感が刺激されることで、感動も大きくなり、記憶に残ります。

(2) はずさない映画を選ぶ

　映画を観て、自分が期待した映画ではなかったときのがっかり感は半端ではありません。ほとんどの人は、観ても月に数本でしょうから、それが「ハズレ」だとダメージが大きい。ハズレ映画からは、学びも気付きも得られません。つまり、「はずさない映画を選ぶ」ことがとても重要です。

　そのためには、まず「信頼できる人の意見を参考にする」とい

うこと。あなたと映画の趣味の合う友人の意見、あなたと好みの似た映画評論家の推薦などが役立ちます。

2つ目は、「自分が観たい映画」を普段から明確にしておくことです。私の場合は「魂を揺さぶる映画が観たい」ということで、派手なアクションだけの作品はパスします。

(3) 人と一緒に観に行き、映画について語る

「感動体験」を共有すると、人間関係は間違いなく深まります。ですから、恋人同士、夫婦、親子で映画を観に行き、観終わったあとにその映画について語るのはとってもいいことです。

その映画について語り合うことで、映画の理解が深まるだけではなく、「この人、こういう考え方をするんだ」という気付きもあり、相手の人間理解も進みます。

はずさない映画を選ぶ方法

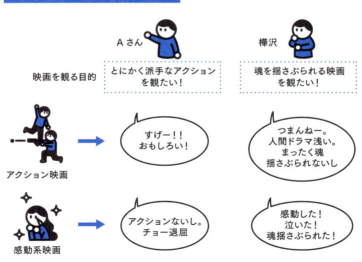

自分が観たい映画を明確化すると
映画のハズレ率は激減する

（4）わからない部分をネットで調べる

　映画は、「映画が終わった瞬間に始まる」と私は考えます。映画について友人や仲間と語ることで、あるいは不明な部分をネットで調べることで理解が深まり、映画の観方や深まり方、評価が大きく変わります。観た直後は「超つまんない映画」と思っても、自分が細かいトリックに気付いてなかっただけ、ということもあります。

　感想をシェアしたり、ネットで調べたりする過程は、自分と映画が向き合う中で、自己洞察が深まる過程。結果として自己成長が引き起こされます。ただ、「映画を観て終わり」の人の自己成長は微々たるものです。

　特に「疑問」や「謎」をしっかり解決すること。今の時代、ネットで調べれば必ず誰かが解説しています。「なぜ」「どうして」を解決することで、自分の「知」の世界が大きく広がるのです。

（5）人物の心理を考えてみる（共感力トレーニング）

　よく映画の感想で、「自分なら、絶対にこんな行動はしないのに」という批判があります。しかし、批判ではなく、「なぜこの人は、こんな行動をしたんだろう？」と考えてみましょう。その人の性格や背景はあなたと異なるのですから、あなたと異なる考え、行動をするのは当然なのです。これは、「相手の気持ちになる」というトレーニングです。また、自分と相容れない他者を理解し、他人を受容する格好の共感のトレーニングになります。

（6）生き方を考える

　私たちが日常生活の中で、「生き方」あるいは「死」の問題と向き合うことはまずありません。しかし、映画では「生き様」や「死」が、ほとんどの作品に登場します。映画は「こんな生き方、自分もしてみたい」「なぜ主人公は最後に自殺したのか？」と、自分の人生や生き方について考える絶好のチャンスを与えてくれるのです。

　映画を観るということは、他人の人生を生きるということ。100本映画を観れば、100人の人生が生きられるというわけです。

（7）感想を書く（SNSやブログに投稿する）

映画も AZ です。感想を書くことを前提に映画を観ましょう。

AZ だから、あとで引用する必要がある。「セリフも覚えておこう」と思うし、映画の細部まで目が届くようになります。感想を書くことで、その映画のわからない部分が浮き彫りになり、人物の心理もより深く理解できます。

大学時代、月間 20 本映画を観ていましたが、すべての作品の映画批評を書いて同人誌に掲載していました。おそらく 1,000 本以上の映画批評を書いたと思いますが、それによって私の文章力、観察力は相当磨かれたはずです。今の作家としての私があるのは、「映画を観てアウトプットする」を続けているからです。

恥ずかしながら、今まで数千本の映画を観てきた私の「生涯映画ベストテン」を発表します。あなたの映画鑑賞の参考にしてください。

樺沢紫苑　生涯映画ベストテン

👑 第1位	スター・ウォーズ　エピソード5　帝国の逆襲（1980年、アーヴィン・カーシュナー監督）
第2位	スター・ウォーズ　エピソード4　新たなる希望（1977年、ジョージ・ルーカス監督）
第3位	ファイト・クラブ（1999年、デヴィッド・フィンチャー監督）
第4位	千と千尋の神隠し（2001年、宮崎駿監督）
第5位	マルホランド・ドライブ（2002年、デヴィッド・リンチ監督）
第6位	隠し砦の三悪人（1958年、黒澤明監督）
第7位	インセプション（2010年、クリストファー・ノーラン監督）
第8位	エクソシスト（1974年、ウィリアム・フリードキン監督）
第9位	ノスタルジア（1984年、アンドレイ・タルコフスキー監督）
第10位	ソウ SAW（2004年、ジェームズ・ワン監督）

（監督ひとりにつき1本のみ選考）

 月に何日か、仕事終わりに映画館に寄り道をする日をつくろう。

CHAPTER4　すべてを自己成長に変えるものの見方

CHAPTER4 WATCH

38 ライブを観る
Watch a Live Performance

生だからこそ味わえる「感動体験」

　脳の働きを変える一番いい方法は"感動する"ことであると、脳科学者の茂木健一郎氏はいいます。

　「感動というのは、脳が記憶や感情のシステムを活性化させて、今まさに経験していることの意味を逃さずつかんでおこうとする働きなのです。脳が全力を尽くして、今経験していることを記録しておこうとしている。生きる指針を痕跡として残そうとしている。そのプロセスに感動があると言えるのです。」（引用：『感動する脳』茂木健一郎著、PHP研究所、2007年）

　感動によって脳の回路がつなぎ替わり、その体験が強烈に記憶され、飛躍的な自己成長が起きる。それが、感動の脳科学的効用です。

　とはいえ、日々の生活の中で、「感動した！」という体験はめったにありません。感動する本もあるけれど、そんな本に出会える確率は低い。私は、映画を観てよく感動しますが、一方で「映画を観て泣いたことがない」という人も意外と多いもの。

　日常生活の中で、最も簡単に感動する方法は、「ライブのイベント」に参加することです。演劇やミュージカルを観に行く、大会場のコンサートに行く、小さなライブハウスで生演奏を聴く。一流の方のパフォーマンスは、大きな感動を与えてくれるものです。

　私がいちばん好きなミュージカルは、『レント』です。シカゴに在住していた2005年、映画『レント』を観て、すごく感動しました。ちょうどその直後、ミュージカル『レント』のシカゴ公演があったので、がんばって最前列のチケットをとってみました。顔面がしわくちゃになるほど泣きました。映画も素晴らしいので

すが、最前列で観た『レント』の体験は、魂を揺さぶる生涯忘れない衝撃的な体験となりました。

「生」で観るからこそ迫力があるし、役者のエネルギーや情熱がストレートに伝わってくる。膨大な非言語情報をストレートに受け取ることができるので、圧倒的に「感動」するのです。

「毎日が単調で楽しいことなんかない」という人は多いですが、たとえば東京だと、毎日数えきれないほどのミュージカル、演劇、コンサート、ライブが開催されています。あなたの魂を揺さぶる「ライブイベント」が、必ずどこかで行われており、それを探しに行くかどうかは、あなた次第です。

生のライブイベントは、5,000円から1万円以上と高額ではありますが、数十人のプロのパフォーマーが何カ月も必死に練習した成果を観ることができると考えれば、間違いなく安いと思います。

生のライブを観に行き、ポジティブで活気あるエネルギーを受け取る。人生を楽しく豊かにすることは、意外と簡単です。

ライブの効用

 チケットサイトを開いて興味のある公演をチェックしてみよう。

CHAPTER4 WATCH

39 美術鑑賞する1
Appreciate Art 1

ビジネススキル、創造性を磨く「アート」

　ゴッホ、フェルメール、ムンク、ブリューゲル、クリムトなど、美術史を代表する画家たちの代表的な作品が、日本の美術館で相次いで公開され、そこにすごい行列ができています。書店には「美術鑑賞」の解説本が何冊も並び、雑誌でも美術展特集が組まれるなど、空前の美術ブームが起こっています。

　内閣府の芸術に関する世論調査（平成28年）によると、ここ1年で美術鑑賞をしたことのある人の割合は、22.5％。つまり、日本人の約8割は美術館に行かないということ。これだけの名画が日本に来ているというのに、もったいない話です。

　美術鑑賞といっても、「特に興味がない」「観方がよくわからない」という人も多いと思います。しかし、美術鑑賞によって脳が活性化し、ビジネススキルがアップするなど、現実的なメリットが得られるとするならばどうでしょうか。

　美術鑑賞の5つのメリットを紹介します。

（1）学力が上がる

　「知能が高く、創造性が低い子ども」と「知能はやや低いが、

参考：内閣府「文化に関する世論調査」（平成28年）調査総数1,853人

創造性が高い子ども」。成績がいいのはどちらでしょう？

知能、創造性と成績との関連を調べた研究によると、なんと「知能はやや低いが、創造性が高い子ども」のほうが学校の成績がいい、という結果が出ています。創造性を鍛えることによって学力を上げることができる、これは、ゲッツェルス・ジャクソン現象と呼ばれています。

そして、創造性を鍛えるために効果があるのが、芸術鑑賞です。

(2) AI時代を生き抜く創造性が養われる

Science（科学）、Technology（技術）、Engineering（工学）、Mathematics（数学）の頭文字をとってSTEM教育が重要といわれ、アメリカではオバマ政権の頃から官民の国家戦略に組み込まれていました。最近ではそこにArt（芸術）を加えてSTEAM教育が重要といわれています。

イノベーションを生み出すためには、科学的な知識や考え方だけでは不十分で、ゼロから新しいアイデアを生み出せる「創造性」が不可欠なのです。そして、その「創造性」はアート教育、つまり芸術鑑賞でアートに触れる、そしてアート作品をつくることで養われるのです。「創造性」は人工知能が最も苦手とする分野なので、テクノロジーが急速に進化するAI時代を生き抜くためには、人間は「創造性」で勝負するしかありません。

成績がいいのはどっち？

知能が高く創造性が低い子ども

知能はやや低いが創造性が高い子ども

ゲッツェルス・ジャクソン現象＝創造性を鍛えると学力が上がる

(3) 脳が活性化する

ビジネスでは主に脳の言語領域を使用しますが、アートを用いることで非言語領域を活性化させることができます。ビジネスマン向けの対話型アート鑑賞や、子ども向けのアートプログラムによって、想像力、観察力、論理能力、計画実行能力、コミュニケーション力、他者への理解力が伸びることが明らかにされています。また、感情を呼び起こす作用を利用して、認知症の治療にも応用されています。

(4) 癒やし効果

イタリア・ボローニャ大学の研究によると、2時間の美術館ツアーで、ストレスホルモンが最大で60％低下、90％の参加者に気分の改善が認められました。また、美術鑑賞をすることでセロトニンやドーパミンが分泌されることがわかっています。美術鑑賞には、癒やしの効果があるのです。

(5) ビジネススキルがアップする

アメリカの美術館では、早朝に「ビジネスマンのためのギャラリー・トーク」といったイベントが開催され、そこに多くのエグゼクティブが足を運んでいます。また近年、金融機関のスタッフが留学先としてアートスクールへ行くことも増えています。（参考：『エグゼクティブは美術館に集う』奥村高明著、光村図書出版、2015年）

アメリカ、イギリスのビジネスマンの間では、「アート」は必須のビジネススキルという認識なのです。

アートを学ぶ、その最初の入り口が、美術鑑賞です。単に趣味や娯楽としての芸術鑑賞ではなく、ビジネススキル、創造性を磨くための「アート」が今、注目されています。あなたも、美術館に行ってみませんか？

AI時代に重要となるSTEAM教育

- **S**cience（科学）
- **T**echnology（技術）
- **E**ngineering（工学）
- **M**athematics（数学）

＋

- **A**rt（芸術）

→ 創造性、想像力、観察力、論理能力、コミュニケーション力、共感力などが向上

私のおすすめの日本の美術館

第1位　東京都美術館（東京都）
企画展がすごい。ゴッホ展、ブリューゲル展、ムンク展、クリムト展など、世界の一流画家の作品をよくここまでたくさん持ってこられるなという驚き。そして、作品だけではなく画家の人間性や、彼らが生きた時代までも浮き彫りにする構成。毎回、感動します。

第2位　大塚国際美術館（徳島県）
米津玄師が紅白歌合戦の生中継をして以来一躍有名になりましたが、私は20年前から行っています。1,000点以上の世界の名画を陶板で完全再現。これだけの名画を一度に観ることは、他では不可能。特に原寸大「ゲルニカ」（ピカソ）とシスティーナ礼拝堂天井壁画は圧巻。鳥肌が立ちます。

第3位　ポーラ美術館（神奈川県・箱根）
箱根の自然豊かな森の中にある、その環境がいい。そして、「箱根の自然と美術の共生」をコンセプトに建物自体がアート。ゴッホ、モネ、ルノワール、セザンヌ、ピカソなど有名画家の作品が、世界の一流美術館並みに贅沢に展示されています。箱根に行ったら必ず訪れるべきスポット。

第4位　岡田美術館（神奈川県・箱根）
2013年オープンなのでまだあまり知られていませんが、箱根に行ったなら一度は立ち寄ってほしい美術館。まず、あまりの巨大さと広さにびっくりします。喜多川歌麿の「深川の雪」は圧巻。葛飾北斎、伊藤若冲、円山応挙、尾形光琳、横山大観など日本画の重鎮の作品が一挙に観られます。

第5位　三鷹の森ジブリ美術館（東京都）
ジブリ映画ファンであれば間違いなく楽しめる。宮崎駿のマニアックで徹底した世界観は、改めてすごいと思います。私は、ロボット兵のいる屋上が好きです。子どもに美術館の楽しさを教える、アートデビューの場所として最適な美術館。

週末、ゴルフに行くのを1回やめて美術館に行ってみよう。

40 美術鑑賞する2
Appreciate Art 2

音声ガイドを聞いて、作品を深く知ろう

「美術鑑賞しよう！」といっても、美術館に行ったことのない人は、絵画の観方がまったくわからないはずです。そんな美術館初心者のために、「自己成長につながる美術館の楽しみ方」をお伝えします。

(1) 有名な画家、有名な作品から入る

まず美術展に行く場合、有名な画家、あるいは有名な作品から入るべきです。たとえば、ゴッホを知らない人はいないでしょうし、ムンクの『叫び』は必ずどこかで目にしているはずです。

そういう「とっかかり」がまったくないマニアックな美術展にいきなり行っても、ついていけず、おもしろくありません。

(2) 音声ガイドを借りる

美術館や美術展に行くと、必ず音声ガイド、オーディオガイドがあります。初心者は、「高いのでいいや」とパスしますが、美術館において音声ガイドはマスト。初心者がどれだけ絵画を見つめても、そこから情報を吸収することは難しい。解説があって初めて「そういうことか」と腑に落ちるし、その画家の生い立ち、背景がわからないと作品の理解は深まりません。

私は音声ガイドを100％借りる派です。

(3) 本を1冊買ってみる

美術展に行くと、いちばん最後の部屋がグッズや本の物販コーナーになっていますが、グッズよりも「本を1冊」買うことをおすすめします。せっかくその画家と出会えたのですから、他の作品の写真も観ながらさらに理解を深めてください。

（4）観終わったら感想をシェアする

　美術作品を観たら、必ずその感想を誰かと語り合い、体験をシェアしてください。そのために、美術に詳しい友人と一緒に美術館に行くのがおすすめです。同じ展示を観ても、必ず「そんな観方もあるのか！」と驚きの発見があります。もちろん、SNSやブログなどで、自分の感想を書くのも効果的なアウトプットですが、他の人の感想を生で聞くことで、感情も刺激されます。創造性のトレーニングという意味でも効果があります。

　最初はとっつきづらい美術鑑賞ですが、「お気に入りの作品」と出会った瞬間に、人生を変えるような衝撃を受けるはずです。読書などの文字情報からは得られない、感情を激しく揺さぶる感動体験で、あなたの自己成長を加速してください。

美術鑑賞は「観終わったあと」が重要

好きな画家をひとり見つけていろんな作品に触れてみよう。

CHAPTER4 WATCH

41 自然の風景を見る
Observe Nature

昼休みを公園で過ごして活力アップ

最近、マインドフルネスや瞑想がブームですが、なかなか続けるのが難しく、8割以上の人が挫折するといいます。実は、もっと簡単な方法でマインドフルネスに匹敵する効果が得られるすごい健康法があります。

それは、<u>自然の風景を見る、あるいは自然の中を散歩する</u>ということです。

千葉大学の研究によると、森の中をゆっくり散策するだけでストレスホルモンが16％減少し、交感神経の活動が4％、血圧が1.9％、心拍数も4％減少するという結果に。心理面の質問では、<u>「気分がよくなり不安が軽減する」</u>という効果が得られました。

日本医科大学の研究では、東京のビジネスマンを森に連れていき、3日間、2〜4時間森の中をハイキングしたところ、免疫細胞であるNK細胞が40％も増加し、1カ月経っても15％増の状態で維持されました。

自然の中を散歩するだけで、リラックス効果、癒やし効果、免疫力増強効果などさまざまな効果が得られるのです。

とはいえ、都会に住んでいる人が、しょっちゅう自然に行くのは難しいもの。街中の公園ではだめなのでしょうか。

フィンランド国立自然資源研究所の研究では、オフィスワーカーに「都心」「(街中の) 整備された公園」「森林公園」の3カ所を30分散歩してもらい、前後の変化を調べました。

公園で過ごした群では、ストレス回復度と活力度が上昇し、気分がポジティブになり、ネガティブな感情が減り、創造性も上昇し、ストレスホルモンのコルチゾールが低下しました。

それらの効果は、「(街中の) 整備された公園」よりも、当然「森林公園」のほうが強く出ましたが、それらの変化は街中の公園で

15分座っただけでも、ある程度は得られることがわかったのです。
自然の風景を見たり、自然の中で過ごしたりするだけで、アルファ波が増え、セロトニンが活性化されます。

　昼休みに近くの公園まで行って、そこで弁当を食べる。**30分ほど公園で過ごすだけで、ストレスが回復し、活力もアップし、気分もポジティブになる。**午後の仕事がバリバリできるというわけです。こんな簡単なストレス発散、気分転換法があるでしょうか。
　1カ月で5時間以上自然の中で過ごすだけで、非常に大きな癒やしの効果が得られることがわかっています。
　昼休みは、公園で弁当を食べる。週末は、自然の中に出かけてみる。そんな簡単なことで、ストレス発散、免疫力アップによる健康効果が得られるのですから、やらないと損だと思います。

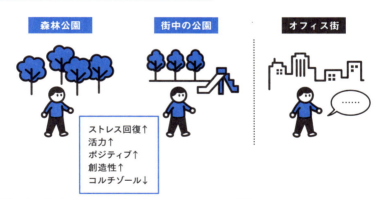

自然の中で過ごすとアルファ波が増え、セロトニンが活性化
街中の公園でも効果あり

 **晴れた日にランチが食べられる
お気に入りの公園を見つけよう。**

42 見ない
Look Away

「見る」「読む」から脳を解放する

あなたは、休憩時間に何をしますか？

ほとんどの人はスマホを見ているのではないでしょうか。休憩時間に入るやいなや、ポケットからスマホを取り出して、メッセージのチェックや、ゲームを始める人がほとんどです。

しかし、非常に残念ですが、脳科学的に見て「スマホ」は最もよくない休憩時間の使い方です。ざっくりいえば、脳を疲れさせ、まったく休憩になりません。完全に逆効果です。

人間の脳は、視覚情報の処理に脳のキャパの 80 〜 90％を使っているといわれます。パソコンに向かって仕事をするデスクワークの人は、仕事中ほとんどパソコンを見ているので、仕事による「視覚情報の処理」でものすごく脳が疲れているのです。

「見る」「読む」で脳が疲れているわけですから、休憩時間くらいは「見る」「読む」ことから脳を解放すべきです。

では、脳を休める休息法とはなんでしょうか。それは「目をつぶる」ことです。

脳内では、リラックスした状態になるとアルファ波が出ます。目を開けているときはベータ波という周波数の高い波がほとんどですが、目を閉じた瞬間にアルファ波というリラクゼーションの波が出始めます。

国際医療福祉大学の研究では、「安静閉眼」「ガム」「アロマセラピー」を５分間行い、光トポグラフィ（近赤外線計測装置）で脳の血流を調べたところ、「安静閉眼」で最も前頭前野の脳血流がアップし、高い脳疲労回復効果が確認されました。

たった数分、目をつぶっているだけで脳の疲労は回復するのです。ハンカチなどで光を遮断するとさらに効果的です。

温かいタオルを目にあてて、目を休ませるのもいいですし、机

に頭を伏せるのもいいでしょう。目を閉じて何も考えず、ボーッとする。これが、脳科学的に最も簡単で効果的な休息といえます。

現代人は、起きて活動している間、必ず何かを見ています。せめて休憩時間くらいは、何も見ないこと。

「視覚情報」から脳を解放し、脳を休ませてください。結果として、集中力が回復し、その後の仕事や勉強が飛躍的にはかどります。

理想の休憩時間の過ごし方

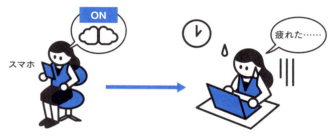

休憩にならない

目を閉じてリラックス　　　リフレッシュ！

「とりあえずスマホ」はやめて
必要なときだけ取り出そう。

THE POWER OF
INPUT

CHAPTER5
最短で最大効率の
インターネット活用術

INTERNET

CHAPTER5 INTERNET

43 バランスを整える
Balance Knowledge and Information

情報と知識の最適バランスは3:7以下

　情報と知識は、どう違うのでしょうか？
　情報工学の世界では「DIKWモデル」というものがあり、「データ」「情報」「知識」「知恵」を、それぞれ下図のように定義しています。

　もっと具体的に説明しましょう。今ここに、1年前の新聞があります。それを読んで、今でも役立つものが「知識」であり、ほとんど役に立たないのが「情報」です。「情報」は生鮮食品と同じで、新鮮なほど価値が高く、時間とともに劣化します。
　一方、情報を分析、解釈して得られる「知識」は、時間が経過してもそれほど劣化しません。たとえば、3年前に書かれたビジネス書を読んでも、「今でも十分役に立つ」のは、そこに書かれているのが「知識」だからです。
　ネットや新聞から得られるのは主に「情報」であり、本や人から得られるのは主に「知識」です。

DIKW モデル

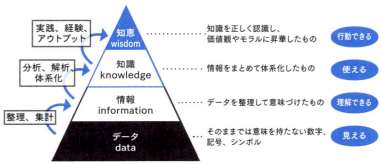

"The wisdom hierarchy:representations of theDIKW hierarchy" (Rowley,Jennifer,2007) を加筆修正

多くの人は、毎日何時間もスマホから情報をインプットし、「自分は情報通である」と思っているかもしれませんが、それは正しいインプット術でしょうか？ 情報をどれほどたくさん持っていても、数カ月もすれば劣化して価値がなくなります。

閉店間際のスーパーで「生寿司」を半額で売っていますが、安いからといって10人前買っても意味がないのです。すぐに悪くなるし、冷凍しても味は落ちるだけ。情報は「今」賞味できる、必要な分だけ集めれば十分なのです。

インプットにおいて、情報と知識のバランスを整えることが重要です。私の実感値ですが、情報対知識は、3対7以下にすべきです。2対8とか1対9がさらにベター。私の場合は、1対9です。「情報をたくさん集める」行為は、結果としてそこに時間がとられるので「知識」と「知恵」を減らすことにつながります。ネットからの情報収集はほどほどにして、読書によって「知識」を増やし、アウトプットによって「知恵」を増やす。バランスのよいインプットで自己成長は最大化します。

ネットと本からのインプットの特徴

	ネット	本
得られるもの	主に情報	主に知識
鮮度	すぐに古くなる	古くなりづらい
信憑性	玉石混交	比較的高い
活用法	必要なときに参照する	普段から読んでおく
バランス	3	7

情報対知識の最適バランスは3：7以下

「情報通」ではなく
「知識人」「知恵者」を目指そう。

44 メールを使う
Use E-mail

「サブ」の仕事、メールとうまく付き合う

いまやビジネスには絶対に欠かせない「Eメール」。GoogleのGmailを使っている人は多いと思います。

Gmailが使われ始めてまもない2010年（シェア率数％）、私は日本で初めてのGmail解説本『メールの超プロが教えるGmail仕事術』（サンマーク出版）を出版しました。その本以後、急速にGmailは広がり、いまやメールソフトのシェア60％です。

そんな「メールの超プロ」である私のこだわりのメール術をお伝えします。あなたのメールにかける時間は、1日の中で少なくないはず。メールを効率的に使えば時間を節約し、あなたの仕事の生産性を飛躍的に高めることができるのです。

【生産性を最大化するメール術】
（1）朝イチでメールチェックをしない

1日の中で最も集中力の高い時間帯は、「朝」です。それは、「脳のゴールデンタイム」と呼ばれるほど、脳のパフォーマンスが高い時間帯。仕事時間でいうならば、始業直後の最初の30分。その30分で何をするかで、1日は決まります。

その最も重要な時間帯に、ほとんどのビジネスマンはメールやメッセージのチェックをしています。メールチェックよりも、もっと重要な仕事がありませんか？ メールチェックは「骨太な仕事」をやって、少し疲れた頃にすればいいのです。

とはいえ、「緊急のメール」がきているかもしれません。であれば、通勤時間の電車の中か、会社に着いてから始業までに終わらせる。緊急以外のメールの返信は、あとにします。とにかく、朝のメールチェックと返信は、長くとも10分以内で終わらせましょう。

(2) 迷惑メールを受信しない

先日、ある企業を訪問したところ、パソコンに向かって単純作業をしている方がいました。「何をしているのですか？」と質問すると「迷惑メールを削除しています。毎日何十通も迷惑メールがくるので時間がかかって大変です」と。

迷惑メールの受信を「ゼロ」にすることは簡単です。受信したメールをいったんGmailに送信して、そこからパソコンのメーラーで読むようにするのです。そうすると、Gmailの迷惑メールフィルターが99.9％の精度で迷惑メールを選別してくれます。

最初の1カ月くらいは、「迷惑メール」を記憶させるためにGmailに学習させる必要がありますが、その後は99.9％の精度で迷惑メールを選別してくれます。

(3) 重要メールはフォルダで読む

メールの致命的な欠点は、たくさんのメールの中に「重要なメール」が埋もれてしまい、「見逃す」ことです。ときに、メールの見逃しによって、大きなトラブルが発生します。

このメールの見逃しをゼロにする方法があります。それは、メールは「受信箱」で読まずに、「フォルダ」で読むということです。私の場合は「編集者」と「重要」という2つのフォルダがあります。

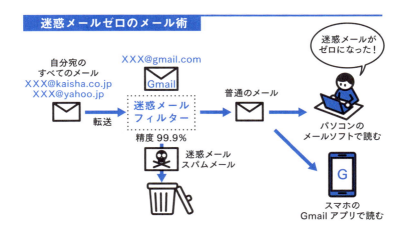

迷惑メールゼロのメール術

お付き合いのあるすべての編集者からのメールは「編集者」のフォルダに入ります。その他のビジネスパートナーや友人からのメールは「重要」に入ります。

そして、問い合わせフォームからきた新規のメールは、「問い合わせ」のフォルダに入ります。つまり、「受信箱」に入っているのは「そこまで必要のないメール」なので、1日1回、暇なときに目を通せば十分です。

私のメールは「差出人メールアドレス」と「件名」で、分類のルールを徹底して設定しています。朝のメールチェックも、「編集者」と「重要」のフォルダだけ見ればいいので、返信時間を入れても3分もかかりません。

(4) メールをまとめてチェックする

飲み会で、10分おきにスマホを見て、メールやメッセージをチェックしている人がいますが、いったい何を見ているのでしょ

見逃しゼロのメール術

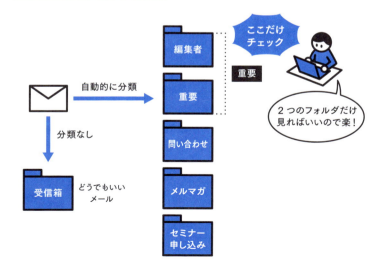

うか。10分以内に返信しないと会社がつぶれるような突発事態が起きる、そんなメールは絶対にきません。もし一刻を争う本当の緊急事態があれば、メールではなく間違いなく電話がかかってきます。

　メールはまとめてチェックすべきです。私は、パソコンを立ち上げたとき、閉じるときにチェックするので、3時間に1回くらいです。もっとまめに見たい人でも、1時間に1回。仕事の休憩がてらメールをチェックするのが、ちょうどいいタイミングです。

　メールを開いて、閉じるだけで時間がかかります。10通を1回ずつ10回チェックするより、1回で10通まとめてチェックしたほうが、時間を節約できます。

(5) 通知を切る

　あなたの主たる仕事は、メールやメッセージを読んで返信することですか？　ほとんどのビジネスマンにとってメール、メッセージは仕事の連絡手段であり「サブ」の仕事のはず。その「サブ」の仕事によって、「メイン」の仕事効率を下げるとしたら本末転倒です。

　たとえば、メール、メッセージの通知機能をオンにしている人がいますが、それだけで仕事のパフォーマンスは大きく下がります。

　ミシガン州立大の研究では、2.8秒のポップアップ表示によって、仕事の作業スピードが半分以下に低下しました。さらに、4.4秒の場合は3分の1まで低下したのです。

　実際にメールやメッセージを読まなくても、ときどき通知がくるだけで仕事のパフォーマンスは半分以下に下がっているのです。

　通知はオフにして、仕事と仕事の合間の、集中力が切れた時間帯にメール、メッセージをチェックするのが、効率的な仕事術といえます。

 メールに振り回されず、単なる「仕事道具」と認識しよう。

45 情報を見極める
See through Disinformation

「本当に正しいのか」という視点を常に持つ

　キャンベル大学の研究によると、ウィキペディアで主要な疾患の記述について調べたところ、90％のページに誤りが認められました。比較的信頼性が高そうなウィキペディアですらこの数字ですから、一般サイトだともっとひどいでしょう。

　精神医学に関するネット情報を、私が精神科医の視点で見ると、明らかに医学的に間違った、科学的根拠もまったくない対処法や治療法をもっともらしく書いているサイトがたくさんあります。

　これらの誤ったネット情報をうのみにすると、病気が悪化し、治る病気も治らなくなります。命にもかかわる非常に危険なことです。

　一方で、私もYouTubeで病気の改善法、生活療法などを多数紹介している立場からいえば、ネット上には本にも載っていないような「ものすごく役立つ情報」がたくさん存在していることも事実です。

　つまり、ネット上には「科学的に正しい役立つ情報」と「なんの根拠もない嘘八百」が混在しています。ですから、ネット情報を読む場合、「本当に正しいのか？」という視点を常に持たなくてはいけません。情報の真贋を見極める眼を養う必要があります。

　最低でも、「どのサイトで紹介されているのか？（信憑性の高いサイトか？）」「誰が記事を書いているのか？」の2点は確認すべきです。

　誰が書いているのかわからない記事は、情報としての価値がありません。なぜなら、信憑性の確認がとれないから。著者名、ライター名、サイトの主催者名が書かれていれば、その名前で検索すれば過去の実績や口コミはすぐにわかります。

　本名で記事を書いている人は、嘘を書けば現実での名声に傷が

つくので、責任のある文章を書く確率が高い。匿名やハンドルネームの人は、嘘を書いてもなんのマイナスにもならないので、信憑性は低くなります。

　「個人の意見」なのか「科学的根拠のある事実」なのかも、わけて考えるクセをつけましょう。 ネット上に書かれている記事の多くは「個人の意見」です。「個人の意見」として「そういう考えもある」と受け止めるのは、「いろいろな意見もある」と勉強になりますが、あくまでも個人の意見です。

　「科学的根拠のある事実」に見える記事も、実際は他サイトのコピペか引用だったりするので注意が必要。できれば、元記事、元の論文やデータまでたどればいいのですが、いちいちそこまで見る人は少ないでしょう。

　とにかくネットの情報は、「無料」で読み放題で便利ですが、その分チェックもほとんどなく、嘘や間違いも多いので注意して読むこと。その心構えが重要です。

そのネット情報は正しいですか？

ここをチェック！
- ☑ 信憑性の高いサイトか？
- ☑ 誰が記事を書いているのか？
- ☑ 個人の意見か？
- ☑ 科学的根拠のある事実なのか？

 「無料の情報」は玉石混交だと心得てうまく付き合おう。

46 キュレーターをフォローする
Follow the Experts

「専門家」が発信する正しい情報を受け取る

　ネットで毎日流れてくる膨大な情報。その一つひとつを「正しいのか？　正しくないのか？」と判断していくと、それだけで1日が終わってしまいます。あるいは、自分の専門外の領域、たとえば「経済問題」「国際問題」「AIの最新情報」などは、難し過ぎて自分で確認すらできません。

　ですから、「情報の真贋を判定する」という心構えは常に必要ではありますが、実際は専門家に判断してもらうしかないのです。「国際問題」であれば国際問題の専門家、経済なら経済の専門家に任せる。一言でいうと、信頼できるキュレーターをフォローすればいいのです。

　たくさんの情報を集め、重要なものとそうでないものを取捨選択し、正しいか正しくないかを判断し、整理、まとめ、要約し、わかりやすく伝える作業を「キュレーション」といいます。
　その分野の情報を整理、選択して、重要で正しい情報だけを発信してくれるキーマンが「キュレーター」です。

　キュレーションには、専門的な知識と膨大な時間が必要ですが、それを代わりに無料でやってくれているわけですから、利用しない手はありません。

　キュレーターを、TwitterやFacebookでフォローする。それだけで、タイムラインにその人が発信する情報が自動的に流れてきます。

　異なる分野の10人のキュレーターをフォローすれば、あなたのTwitter、Facebookのタイムラインは、あなたにとって「必要な情報」が選別、吟味された状態で流れる。「自分新聞」ができあがります。

たとえば、経済情報を発信している人は山ほどいます。あなたに必要な情報を出している人もいれば、そうでない人もいる。信頼性の高い人もいれば、ちょっと怪しい人もいます。

どのキュレーターをフォローするのか、というのは慎重に選ぶ必要があります。実際、フォローして1週間も読めば、自分にとって必要なキュレーターかどうかはおのずとわかるでしょう。

そのキュレーターが有名かどうか、フォロワーが多いのか以上に、「自分にとって重要な情報」を発信しているか、そして「この人とつながりたい」という自分の直感を信じて、積極的にフォローしましょう。

キュレーションとは？

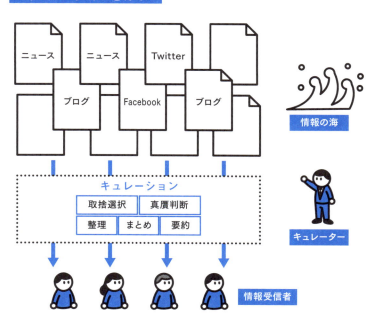

自分が詳しくなりたい分野の専門家を探してフォローしよう。

47 情報を宅配便化する
Have Information Delivered Automatically

「自分に必要な情報」だけ届く仕組みづくり

　宅配便の再配達で、「家まで届けてもらう」のと「営業所まで自分でとりに行く」。どちらが便利ですか？

　いうまでもなく、家まで届けてもらうほうが便利でしょう。よっぽどでない限り、自分でとりに行くことはしないはずです。

　しかし、不思議なことに、インターネットの世界では、ほとんどの人が自分から情報をとりに行き、平気で時間の無駄遣いをしています。

　ネットのインプットでいちばんやってはいけないのは、「ネットサーフィン」です。ネット上のいろいろなサイトを、興味のまま、気が向くままに次々と閲覧していく。電車でスマホを見ている人の多くは、「なんとなくおもしろい情報はないかな」とアプリを次々と開き、ネットサーフィン的なインプットをしています。

　10個の情報をながめても、あなたに必要な情報は1割もないでしょう。仮に1割あったとしても、9割は無駄な時間ということになります。30分やれば、27分は無駄。最初から必要な情報だけ読めば、3分で終わるのです。それを可能にするのが「情報の宅配便化」です。

情報の宅配便化

従来型　**膨大な時間**　いちいちとりに行く

情報宅配便　**手間ゼロ、時間ゼロ**　送られてくる

ネット情報の海

「自分に必要な情報」だけが、宅配便が家に送られてくるように、自分のパソコンやスマホに届けられる。結果として、「必要のない情報」を探す時間と、それらを読む時間の両方を節約できますので、インプット効率は10倍以上になります。

「情報の宅配便化」は、一度設定すれば、あとは何もせずに全自動で情報が集まってくるので極めて便利です。

(1) タイムラインに一元化する

情報の宅配便化でいちばん重要なのは、情報をタイムラインに一元化することです。TwitterやFacebookのタイムラインに、必

タイムラインの一元化

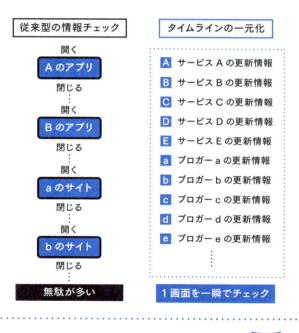

要な情報がすべて流れるようにします。前項でお伝えした、キュレーターをフォローするのもそのひとつです。

たとえば、あるポータルサイトのニュースを読みたければ、そこの公式 Twitter をフォローする。そうすると、そのサイトの更新情報が、Twitter 上に全自動で流れてきます。

そのサイトの情報をスマホで見ようとすると、専用アプリをダウンロードして、いちいちアプリを開いて見にいかないといけません。仮にそういうサイト(アプリ)を 10 個チェックしようと思ったら、アプリを 10 個順番に開かなければなりません。開く、閉じるの操作だけで 20 回です。すべての情報を Twitter のタイムライン上に集約すれば、その手間は省けます。

(2) Google アラート

Google の数ある機能の中でも、私が最も便利だと思う機能のひとつが「Google アラート」です。しかし、私の調査では、Google アラートを使用している割合は、たったの 15％。とても便利なサービスなのに、ほとんどの人に知られていません。

キーワードを事前に設定しておくと、今日 Google にインデックスされたそのキーワードに関するページ（記事）をすべてメールで送ってくれる、というサービスです。

たとえば、私の場合は「ウイスキー」という言葉で登録してい

Google アラートの使い方

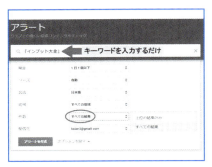

Google アラート
https://www.google.com/alerts

「Google アラート」の画面から、「キーワード」を入力して「アラートを作成」ボタンをクリックするだけで、簡単にスタートできます。
「件数」は「上位の結果のみ」「すべての結果」のいずれかを選択できますが、すべての情報を残さず収集できる「すべての結果」に変更したほうが便利です。

ますが、本日更新されたウイスキーに関するニュース、あるいはウイスキーのブログの記事などが、一網打尽で送られてきます。

ですから、自分で検索する必要がありません。メールで送られてきた一覧から、おもしろそうな記事を見ればいいだけ。厳選された情報から、さらに厳選した記事を見にいくので、時間の無駄がありません。

Googleアラートの結果は、すべてメールとして保管されるので、あとからまとめて見ることも可能。「ブログに書くネタがない」ということはあり得ない話です。

(3) RSSリーダー

いろいろなサイトやブログをチェックしたい、という人は多いはず。何度も「開く」「閉じる」を繰り返す必要があるし、サイトを訪れてみたものの「新記事が更新されていなかった」「有益な記事がなかった」となれば、完全な時間の無駄となります。

多くのサイトをチェックしたい方は、「RSSリーダー」を使いましょう。「RSSリーダー」とは、事前にサイトのURLを登録しておくと、そのサイトの更新情報をまとめて教えてくれるサービスです。

たった1画面を見るだけで、数十個のサイトの更新情報を一度にチェックすることが可能になります。パソコン版もスマホアプリも、さまざまなRSSリーダーが出ていますので、ぜひ使ってみてください。

情報の宅配便化を行うと、全自動で情報が送られてきて、必要な情報がひとつの画面にギュッと集約されている状態になります。アプリを開いて閉じる、というくだらない作業から解放されますので、ぜひ試してください。情報収集の効率が、最低でも2〜3倍、上手に使えば10倍以上にアップします。

 ネットサーフィンは卒業し、情報の全自動受信化を目指そう。

48 検索する
Search

必要な情報に最短でたどり着くコツ

前項で、「情報を宅配便化しよう」という内容をお伝えしました。そんな中、唯一自分から情報をとりにいくネットのインプット術が「検索」です。

情報は鮮度が命です。1カ月前のニュースには、ほとんど価値がありません。ですから、情報は事前に集めて保管・保存しておくのではなく、「今」必要な情報を「今」集めて、「今」使うほうがはるかに効率的。それが「検索」です。

検索を使わない人はいないでしょうが、上手に検索できる人は意外と少ないかもしれません。便利で上手な検索ノウハウについてお伝えします。

(1) わからないことは、まず検索する

「わからないことがあれば、まず Google で検索する」というのは、ネットの常識のように思えますが、それをしない人が意外とたくさんいます。私もいろいろな質問をされる立場ですが、Google で検索すれば数秒でわかることを、懇親会で平気で質問してくる人が山ほどいるのです。

わからなければ、まず検索する＝ググる。自己成長の基本法則です。

(2) コマンド（演算子）の活用

検索にはいくつかのお約束（コマンド、演算子）があります。コマンドを使うと複雑な検索も一瞬で完了します。Google のコマンドだけで数十個ありますが、特に知っておいたほうが便利なコマンドをまとめました。

1 AND 検索

「すべての語を含む」検索。語と語の間にスペースを挟んだ場合は、すべての語を含む検索となります。

例 | 迷惑メール　フィルター | 🔍 |

例 | アウトプット　セミナー | 🔍 |

2 OR 検索

「いずれかのキーワードを含む」検索。複数キーワードのいずれかを含む検索、語と語の間にスペースを挟み「OR」(半角大文字)を挿入

例 | アウトプット　セミナー　OR　講座 | 🔍 |
　　(アウトプットのセミナーや講座を調べたい場合)

3 NOT 検索

検索結果から除きたいキーワードを指定します。除きたい語の直前にマイナス記号「-」を置きます。

例 | 渋谷　レストラン - 中華 | 🔍 |
　　(中華以外の渋谷のレストランを調べたい場合)

4 ワイルドカード

アスタリスク(＊)を不明な語句の代わりに「ワイルドカード」として使用できます。フレーズの一部分が思い出せない場合や、語のバリエーションを検索したい場合に便利です。

例 | ＊に小判 | 🔍 |
　　(「猫に小判」の「猫」を忘れてしまった場合)

5 フレーズ検索

キーワードを""で挟むことで、そのフレーズすべてを含むものを検索します。言葉やセリフ、タイトルの全文を検索する場合、英語で検索する場合には不可欠な演算子。

例 | "to be or not to be" | 🔍 |

(3) 検索オプションを使う

コマンドが「面倒くさい」「わかりづらい」という方は、「検索オプション」を使ってください。「OR 検索」「除外検索」が簡単にできます。検索窓の下「設定」から「検索オプション」を選択するだけです。

検索オプション

検索するキーワード
すべてのキーワードを含む:
語順も含め完全一致:
いずれかのキーワードを含む:
含めないキーワード:
数値の範囲:

（4）ほしい情報の種類を選ぶ

　Google 検索では、「すべて」「動画」「画像」「地図」「ショッピング」「ニュース」など、情報の種類を選べるようになっています。ニュースを調べたいのなら「ニュース」を、「画像」を探しているのなら最初から「画像」を選択すると、絞られた検索結果が表示されます。

　最短の検索回数で、自分がほしい情報に到達するには、最初から「情報の種類」を決めて検索しましょう。

Q すべて　▷ 動画　🖼 画像　💻 ニュース　🛒 ショッピング　︙ もっと見る

（5）画像検索

　「画像」を選択すると、ほしい画像のみを検索することができますが、少し応用した画像検索の方法があります。

　たとえば、「情報と知識の違い」を知りたい場合、多くの人は「情報と知識の違い」と普通に検索するでしょう。私なら、そのキーワードで最初から「画像」で絞り込みます。そうすると、「情報と知識」について比較した表や図が出てきます。

　表や図は視覚情報ですから、見ればその内容について一瞬で理解できます。次に、いちばんわかりやすい図表のサイトを表示して読みます。「わかりやすい図表」を掲載しているサイトの説明も、またわかりやすいのです。

テキストを読むよりも画像で理解するほうが、直感的で理解も早く、時間がかからず、記憶にも残ります。何かを知りたい場合、まず「画像」で検索すると便利です。

(6) 期間検索

「あっ地震だ！　震源はどこだ？」と思って Google で「地震」と検索しても、昔の地震の記事やニュースが出てくるだけ。そんなときは「期間」を指定して「1 時間以内」を選べば、先ほどの地震についての情報が表示されます。

「ツール」をクリックすると「期間指定」のオプションが表示され、特定の期間を選択できます。

```
✓ 期間指定なし
  1 時間以内
  24 時間以内
  1 週間以内
  1 か月以内
  1 年以内

  期間を指定
```

(7) 単語の組み合わせで検索する

ひとつのキーワードで検索しても、自分が見たいのとは関係のない情報ばかりが表示され精度が悪い。そんなときは、「2 個」または「3 個」のキーワードを組み合わせて入力します。「メインのキーワード」は決まっているので、「サブのキーワード」の選び方が重要です。それによって、検索時間が左右されます。

「意味」「定義」「まとめ」「口コミ」「体験談」「ブログ」「方法」「ノウハウ」「ニュース」「研究」「論文」など、ほしい検索結果の「カテゴリー」を示す言葉を入れると効果的です。

 ほしい情報が 1 ページ目にくるよう検索方法を工夫しよう。

49 高度に検索する
Use Advanced Search

情報上級者向けのネット使いこなし術

　Googleに限らず、他サイトの検索技も含めて、さらに上級の検索法を紹介します。

（1）最初から専門サイトで検索する

　何かを検索する場合「Googleから検索する」のが一般的だと思われています。しかし、動画を調べたいのなら「YouTube」、言葉の定義や基本情報を調べたいのなら「ウィキペディア」のように、最初から専門サイトを開き、その検索窓から直接検索したほうが、ノイズ（無関係な情報）が除去されるので、情報への到達が速くなります。

（2）長文で検索する

　特定の問題を解決したい場合は、「パソコンがフリーズしたときの対処法」とか「眠くなったときの対処法」といったように、悩みや問題、疑問をそのまま文章で入力するといいでしょう。
　そのものズバリを解説したサイトがいきなり表示されます。ネット上には、あらゆる質問、疑問に対する答えが載っています。

（3）音声で検索する

　iPhoneなら「Hey Siri」、アンドロイドなら「OK Google」と音声アシスタントを起動して「スカイツリーの天気を教えて」と質問すれば、結果を音声で教えてくれます。いちいち検索画面を開く必要もないし、入力する手間も省けるので便利です。
　Googleの画面からも「マイク」のアイコンをクリックすると音声入力が使えます。スマホだけでなく、パソコンからも音声入力が簡単に使えるので便利です。最近の音声入力は非常に精度が高いので、フリック入力が不得意な人は、音声入力のほうがはるか

に速いです。

(4) 過去に見たサイトを検索する

1カ月くらい前に「すごくおいしそうなカレー屋」の情報をネットで見たけども、そのサイトを思い出せないということはよくあります。

過去に見たサイトを検索するのは、簡単です。検索窓の下にある「設定」から「履歴」を選択すると「検索アクティビティ」という画面が開きます。ここから検索すると、過去にアクセスしたサイトを対象にした検索結果が表示されます。

期間も指定できますので、「1カ月前」とわかっていれば、その前後2週間くらいを設定して検索すれば、さらに結果を絞ることができます。

(5) いちばん近い店を検索する

不慣れな場所で「カフェに入りたい」と思って探しても、なかなか見つからない、という経験はありませんか？ そんなときは、Googleマップを開いて、検索窓に「カフェ」と入力してください。近くのカフェが検索されて、すべて地図上に表示されます。今いる場所からいちばん近いカフェが一瞬でわかります。

「ラーメン」「ドラッグストア」「バー」など、特定の施設を近くで探したいときに、とても便利です。もちろん「トイレ」と入れると、公衆トイレも検索できます。

(6) サイト内検索

そのサイト内に限定して必要な情報を検索したいという場合も多いと思います。大手ポータルサイトであれば、サイト内検索の窓がありますが、一般のブログだとない場合もあります。

その場合は、「site:URL キーワード」で検索できます。私のブログから「睡眠」の記事だけを調べたければ、「site:https://kabasawa3.com/blog/　睡眠」と Google から入力すればよいのです。

(7) YouTube チャンネル内検索

私は、自分の YouTube「精神科医・樺沢紫苑の樺チャンネル」に 2,000 本もの動画をアップしていますが、「多過ぎて自分が見たい動画を調べられない」という人がいます。

その場合は、YouTube チャンネル内検索を使えばいいのですが、あまり知られていません。チャンネル名が表示されている左横の顔アイコンをクリックして、「チャンネルのトップページ」に行きます。「ホーム　動画　再生リスト・・・」の右横の「＞」をクリックすると「虫眼鏡」のボタンが表示されるので、そこをクリックして、キーワードを入れると、そのチャンネル内の動画限定で検索ができます。

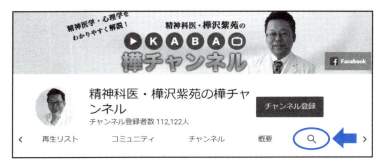

(8) Google Scholar
https://scholar.google.co.jp/

Google 内の学術論文のみを検索対象に表示してくれます。卒業論文、学位論文など論文を書く人には必須の機能。信憑性を高めるための資料を集めるのに便利です。

(9) Google ブックス
https://books.google.co.jp/

書籍内の全文を対象に検索が可能。自分の知りたいことがピンポイントで書かれている本を探すことができます。引用文献や資料を探す人には、非常に便利です。

(10) PubMed 医学論文検索
https://www.ncbi.nlm.nih.gov/pmc/
　生物医学、生物化学系のすべての英語論文がデータベース化されています。科学研究者が毎日アクセスするサイトです。医学系の論文を探す場合は必須です。

(11) 電卓機能
　1426−381 ＝ これを大至急計算したいとき、どうしますか？ 電卓の画面を開いて計算する人が多いでしょうが、Google の検索窓に「1426−381」と入力してエンターキーを押すと、計算結果が表示されます。Google 自体に電卓機能が内包されているので、わざわざ電卓アプリを立ち上げる必要はないのです。

(12) 通貨換算機能
　たとえば、ヨーロッパ旅行中に 65 ユーロの買い物をしようとして、65 ユーロが何円かを正確に知りたい場合、どうしますか？ まず、1 ユーロを検索すると「122.7 円」（執筆当時）ですが、スマホの電卓アプリで「65 × 122.7」と計算する必要はありません。

　Google の検索窓に「65 ユーロ」と入力して、エンターキーをクリックすれば、「7,975.39 円」と円に換算された金額が一発で表示されるのです。海外旅行をするとき、この「通貨換算」機能はとても便利です。

　検索テクニックを磨くと、インプット時間を大幅に短縮できます。検索は最強の時間術です。

**Google 頼みを脱却し
さまざまな検索サイトを使いこなそう。**

50 ストックする
Save Information

ウェブ上の情報は「PDFファイル」で保存

　ネットでいろいろなサイトを見ていると、「これは役立ちそう！」という情報に出くわします。そのとき、あなたはどうやって保存しますか？

　集めた情報をどのように保存、ストック（蓄積）するかという問題。多くの人は、そのサイトを「ブックマーク」、つまり、URLを保存するでしょう。しかし、ブックマークは、情報のストック法としては不適当です。ニュースサイトは期間限定公開のところが多いからです。

　情報をストックするツールとしては、「Evernote（エバーノート）」が有名です。ウェブページの保存に限らず、ノート、メモ、手帳、画像、PDFなどあらゆるファイルをストックして、検索によって瞬時に取り出せる便利なソフトです。ノートやメモなどを

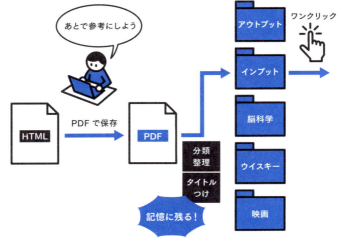

デジタルで記録している人、たくさんのファイルやサイトを日々ストックする人には便利でしょう。

　ただ「ウェブページの保存」だけするのであれば、「PDFで印刷」で十分です。ネットでおもしろい記事を見つけたら、「PDFで印刷」して、所定のフォルダに保存します。あらかじめ自分にとって重要な分野ごとにフォルダをつくっておき、そこにPDFを保存するのです。

　パソコンで普通にウェブサイトを保存すると、HTMLファイルと画像などが含まれるフォルダの2つがつくられてしまい、管理がとても面倒です。しかし、「PDFで印刷」すると、ウェブサイトをひとつのファイルとして扱うことができます。

　PDFファイルにすることで、普通に文書ファイルとして扱うことができます。たとえば、ネットでインプットに関する研究論文を見つけた場合は、「インプット大全」-「インプット大全資料」というフォルダに保存します。「インプット大全」に関する資料は、このフォルダにすべて保存されるので、必要なときにはこのフォルダを開くだけ。検索する手間はゼロで、時間が省略できます。

　注意点は、保存するときに、適切な「タイトル」をつけること。記号やURLがタイトルになっていると、あとから探すのに苦労します。

　スマホでウェブサイトを閲覧している場合は、スクリーンショットが簡単です。撮った画像は「スクリーンショット」のフォルダに保存されるのでそのフォルダが「ネタ帳」となり、充実していきます。

フォルダ「インプット大全」資料の中身

- BGMで脳機能低下
- カウンセリングの基本
- スマホでGABA低下
- スマホを持ち歩くだけで集中力低下
- ピアノで脳血流低下
- プラシーボ(偽薬)効果はなぜ起こるのか――専門家...
- ボードゲームは頭に良い！_スマホゲーム＆ボードゲームを...
- ほんの10分の軽い運動でも、脳は活性化する：朝...
- マルチタスクでコルチゾールが分泌される

ウェブサイト、論文、資料がすべて一覧できる

**情報のストックは一元化が鉄則。
ウェブページはすべてPDFに。**

51 シェアする
Share Information

人に感謝され自己成長にもなるアウトプット

ネット情報における「アウトプット」とはなんでしょう？

ネット情報における「アウトプット」は、「シェアする」ことです。

おもしろいニュースや、おもしろいブログ記事があれば、TwitterでRT（リツイート）する、Facebookでシェアするのです。このとき、一言コメントを書き添えると、強烈なアウトプットになります。自分がその記事にどう思ったのか。自分はその記事のどこに共感したのか。一言でもコメントを書き添えることで、圧倒的に記憶に残りやすくなります。

また、前項の「ストックする」にも通じますが、「おもしろい記事」をシェアし続けることで、自分のTwitterやFacebookが、ネット情報のスクラップブックになります。あとから見返すと立派な「ネタ帳」になります。

シェアすると、そのシェアに対してコメントが書き込まれます。「いい記事を紹介してくださりありがとうございます」という感謝コメントが入ります。「私も○○だと思います」と、そこから議論が始まる場合もあります。

シェアの効用

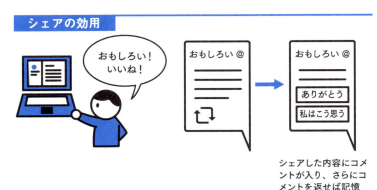

シェアした内容にコメントが入り、さらにコメントを返せば記憶に残りやすくなる

つまり、コメントが数件入り、さらにそれにコメントを返せば、「2週間で3回以上のアウトプット」を簡単に達成できるので、バッチリ記憶に残ります。

　さらに、シェアする記事に対するコメントを、次第に長くしていきます。自分の意見を長文で述べたり、その記事に対する分析や洞察を書き加えたりすれば、立派な「情報発信」です。情報を分析するほど「知識」に変換されるので、圧倒的に記憶に残りやすくなります。

　おもしろい記事を見つけたとき、ただ「ブックマーク」するのと、「シェアする」のとでは、記憶への残りやすさが何倍も違います。「ブックマーク」しても、ブックマークしたこと自体をすぐに忘れてしまいます。

　私のFacebook記事は、「いいね！」が100ついてもシェアは2〜3件だったりします。ほとんどのSNSユーザーはシェアをしないのですが、もっとシェアしていいと思います。

　シェアすることは、「役に立つ記事を他の人に教えてあげる」ことなので、他の人から感謝されます。他人に感謝されながら、自己成長していく。一石二鳥の方法が、「シェアする」です。

シェアするだけで記憶に残る理由

いいと思ったらとにかくシェア。
少しおせっかいなぐらいでOK。

CHAPTER5 INTERNET

52 画像でメモする
Take Visual Notes

写真をメモ代わりにしてデジタル管理する

「気付きを得たら30秒以内にメモしよう！」といっても、外に出て移動中のときなどは、実際問題として難しいし、非常に面倒くさいもの。

そんなときに活躍するのが「写真」です。スマホのカメラで撮影して、「画像」として記録する方法。画像を「メモ」の代わりにするのです。

あるいは、気になるウェブサイトがあったとしたら、ブックマークすると同時に、その画面をスクリーンショット（スクショ）。画面をそのままキャプチャーして保存します。

特に重要な画像メモは、「お気に入り」に入れておくと、あとから一瞬でアクセスできます。

画像メモは、撮るのにほとんど時間がかからず、取り出すのも一瞬で見返せるので、上手に活用すると「時短」「効率化」を加速する強力な仕事術になります。

スマホで資料をデジタル化する

画像メモ活用術

(1) 会議のレジュメ、議事録
　会議で配られた資料や議事録、整理して保管するのは面倒。とはいえ、前回の議事録が必要なことも多い。紙の資料はデジタル化しておくと便利。
　スマホで撮った写真は「場所」でひもづけられるので、アルバムの「撮影地」から、自分の会社の会議室を選べば、その会議室で撮った写真、つまり過去の議事録が時系列で見られます。数枚の紙の書類は、写真に撮って捨てる。デジタルで管理したほうが、「見直す」「取り出す」のが圧倒的に速いです。

(2) レストランのメニュー
　レストランに行くと、その日食べた「コースメニュー」の紙をもらえます。これも撮影します。食べた料理の写真と連続して保存されるので見返したときにも便利です。

(3) 新しいお店、行きたいお店
　街を歩いていて「新しいお店」ができていたり、行列ができている人気の店は写真に撮る。そうすると「行きたい店リスト」が、勝手にできあがります。

(4) 電車の中吊り、本の広告
　電車の中吊り広告に「刺激的なキャッチコピー」を発見したら写真を撮る。あるいは、電車車内の広告で気になる本があれば撮影して、あとで買うかどうか検討します。

(5) 時刻表
　よく使う路線の地下鉄、バスの時刻表も写真を撮って「お気に入り」に入れておくと便利。ウェブサイトの時刻表をスクショしても同じです。

(6) 場所、時間などの重要な情報
　打ち合わせのメールで「5月16日、15時30分、渋谷、○○ビル5階」のような情報は、あとから確認のために見直す確率が高い。そういうものは、スクショで画像保存しておきます。メールで検索するよりも、画像を見たほうが速いからです。

(7) 新聞、雑誌の紙媒体
　新聞、雑誌などを「紙」で読んでいた場合、気になる記事があれば写真を撮ります。新聞、雑誌などをスマホにて「デジタル」で読んでいた場合も、スクショします。

(8) ウェブサイトの記録
　スマホで閲覧中に見つけたウェブサイトの気になる情報は、迷わずスクショします。

**仕事でもプライベートでも
アポがとれたら、日時は即スクショ。**

53 動画を活用する
Use Videos

「娯楽」以外にも無限の可能性が

　多くの人が、ネットで動画を見ると思います。ある調査によると、10〜20代でYouTubeの利用率は95％。毎日見る人が70％にも及びます。全世代でも利用率77％と非常に高くなっています。
　若い世代では、テレビを見ずに動画を見るのがあたり前で、動画が重要な情報源となっているのです。

　ただし、YouTubeを使う目的は「暇つぶし」（78％）、「娯楽」（41％）。よく見るコンテンツは「エンタメ」「音楽」が圧倒的に多く、「語学」「学び」「ハウツー」「情報」は、非常に少ないといえます。
　こうした利用状況を見ると、YouTubeに代表される動画コンテンツは、まだまだ無限の可能性を持っているといえます。
　私もフォロワー10万人超えのユーチューバーなので、ここで

「樺チャンネル」歴代再生回数ベストテン

	タイトル	再生回数
第1位	うつ病が治らない人の共通点	79万回
第2位	「信頼できない人」を一瞬で見分ける方法	55万回
第3位	精神的に強くなる方法	54万回
第4位	不安を簡単に取り除く方法	38万回
第5位	うつ病チェック　たった2つの質問でうつ病を99％診断する方法	30万回
第6位	職場の人間関係は深めるな！	27万回
第7位	嫌いな人と上手に付き合う方法	26万回
第8位	風邪を一日で治す方法	25万回
第9位	信頼できる人を瞬時に見分ける方法	25万回
第10位	精神疾患になりやすい性格とは？	23万回

（2019年6月末現在）

は「娯楽」以外のYouTubeの活用法をお伝えします。

（1）学習、教育コンテンツを活用する

　YouTubeには、英会話などの語学系のコンテンツや、受験生向けの勉強法など、学習、教育コンテンツも充実しています。

　「百聞は一見にしかず」といいますが、文字で読んでも理解できないものが、視覚を使うと一瞬で理解できるということはよくあります。本やネットの文字コンテンツでは「言語情報」しか伝わりませんが、動画では「視覚情報」と「聴覚情報」の非言語情報が伝わるので、圧倒的に情報量が多いのです。

　動画は、学びの効率でいうと「本」よりも上で、「人と会う」よりも下に位置しますが、本は基本有料で、人と会って学ぶセミナーや講演はかなり高額です。

　しかし、どういうわけか、本にしてもおかしくない濃い内容、さらに実際に有料で開催されたセミナーや講演の一部などが、YouTubeでは「無料」で公開されています。

　内容は本と同等かそれ以上で、学びの効率が高く、それでいて「無料」。動画による学びは、最もコストパフォーマンスが高い「学

動画が圧倒的に伝わりやすい理由

びの手段」「インプット術」といえるでしょう。それを活用しない手はありません。

(2) 問題解決の方法を学ぶ

アメリカのYouTubeに対する利用調査。「どのようなときにYouTubeが必要ですか？」という質問に、「未体験の行為をうまく行う方法を知る」が51％で、「暇つぶし」の28％を大きく上回りました。

「未体験の行為をうまく行う方法を知る」というのは、たとえば「料理のつくり方」「筋トレの方法」「パソコンやスマホの操作」、あるいは「ネクタイの結び方」などを調べるということ。

YouTubeは第二の検索エンジンともいわれ、何かの方法を調べたい場合、GoogleではなくYouTubeで検索して、動画を見て解決するのです。YouTubeは、「知恵袋」「百科事典」的な使い方ができるといえるでしょう。実際に、ありとあらゆる「方法」「疑問」を解決する動画がアップされています。

画像や音声が入ると情報量が多いので、文字だけよりも圧倒的にわかりやすいといえます。

(3) 心の問題や悩みの軽減

「やり方がわからない」といった現実的な問題は、動画を見ることで解決できます。実は、心の問題に関しても、動画を見ることで、その悩みやストレスの大部分を取り除くことができるのです。

「心の悩みや不安を解消することで、日本人のメンタル疾患や自殺を減らしたい！」──そんな目的で開設したのが、私のYouTube「精神科医・樺沢紫苑の樺チャンネル」です。

心の悩み、不安、ストレスの解消法、メンタル疾患の治療法、予防法など2,000本以上の動画がアップロードされており、フォロワーは11万人を超えています。

「うつ病で3年病院に通って治らないのに、動画を見て治るのか」という批判もあるでしょう。しかし、病気は治らなくても、

今ある不安やストレスの90%以上を取り除くことが可能です。

実際、「動画を見て救われた」「自殺を思いとどまった」という感謝のメールがたくさん届いています。

ストレスの定義はいくつかありますが、そのひとつが「自分ではコントロールできないと思っている」ということです。

つまり、「どうにもできない」状態がストレスであり、「なんとかなる」と思った瞬間に、ストレスではなくなるのです。つまり、解決法や対処法を学び、「なんとかなるかも」と思うだけで、ストレスの大部分は消えてなくなるのです。

動画で「対処法」「解決法」を調べるクセをつける。それだけで、「どうにもならない」というストレスは消えて、心が軽くなるのです。

「樺チャンネル」で問題解決しよう

心の悩み、不安、ストレスの解消法、睡眠・運動などの健康法、メンタル疾患の治療法、予防法など2,000本以上の動画を配信中

毎日更新されるYouTube動画を見逃すな

動画視聴、チャンネル登録はこちらから

https://www.youtube.com/webshinmaster

 今抱えている悩みについて
動画で対処法を検索してみよう。

54 雑誌を読む
Read Magazines

最新トレンドに関する知識を安価で入手

　情報のインプットという意味で「雑誌を読む」は外せません。なぜなら、網羅的な最新情報を安価で手に入れられ、図版も多くて読みやすく理解しやすい。いいことずくめです。

　雑誌にもいろいろありますが、私は「週刊東洋経済」「週刊ダイヤモンド」「PRESIDENT」「日経ビジネス」などのビジネス誌をよく読みます。ビジネスマンにとって必須の最新知識を、手軽にインプットできるので、ぜひ活用してほしいです。

【ビジネス雑誌を読むメリット】
(1) 最新の話題、トレンドを知る
　単行本ができるまでには、企画が通ってから半年〜1年かかりますが、雑誌の場合は発刊の2〜3カ月前から動きます。単行本と比べ、小回りがきく雑誌は最新の話題に強いのです。

(2) 情報と知識の中間
　ネットや新聞で得られるのは「情報」。本で得られるのは「知識」。雑誌で得られるのはその中間、それもやや「知識」寄りです。最新の情報を扱いながら、「知識」に近い価値を得られます。

(3) 網羅的にインプットできる
　ビジネス誌の特集は10人〜20人以上の専門家への取材で構成されています。つまり、内容が多彩で網羅的。さらに、賛成派と反対派、両方の意見を載せている場合が多く、「中立」の視点でバランスよく編集されています。

(4) わかりやすい
　ビジネス雑誌は、図や写真が多く、意外と文字は少ない。活字

が苦手な人も直感的に理解できます。

【ビジネス雑誌の読み方】
(1) アウトプット前提＆アウトプット
　ビジネス雑誌の欠点は、サクッと読めて簡単に理解できる分、忘れやすいということです。アウトプット前提で読み、「気付き」をしっかりとアウトプットすることは必須です。

(2) さらに、本で深める
　ビジネス雑誌の長所は「広くて網羅的」ですが、それが逆に「浅い」という欠点につながります。補うために追加で単行本を1冊買って読むべきです。
　私は、雑誌はスマホの読み放題アプリで、電車などの移動中に読みます。月額400～500円で数百冊の雑誌が読み放題となりますから、月2冊以上雑誌を買っている人は絶対にお得です。

主な雑誌読み放題サービスの比較

	コンテンツ数	月額料金（税別）	特徴
dマガジン	200誌以上	400円	女性誌が充実。バックナンバー1,500冊以上。雑誌読み放題ユーザー利用率国内第1位。
楽天マガジン	250誌以上	380円	年額プランが3,600円でお得。
タブホ	900誌以上	500円	バックナンバーも含めると3,000冊が読める国内最大級。
Kindle Unlimited	240誌以上	908円	一般書籍、漫画も充実し12万冊と国内最大。電子書籍国内シェア第1位。
ブックパス	300誌以上	562円	漫画、コミックが充実。漫画、書籍合わせて4万冊が読める。

 雑誌読み放題サービスを駆使して世の中を網羅的に知る努力を。

55 ニュースを読む
Read the News

ニュースの8割は自分にとって不要

　そもそもニュースを読む、見ることは必要なのでしょうか？
　私は、テレビのニュースは見ないし、新聞も読みません。そんな生活を何年も続けていますが、一度も困ったことはありません。むしろ、「最新の情報に詳しいですね」「よくそんなことを知っていますね」といわれることが多いです。
　私が見るのは、Facebookのタイムライン。重大なニュースは必ず誰かが解説つきでシェアしているので、タイムラインを3分も眺めれば、その日のニュースは十分にインプットできます。また、ニュースは読まないけれど、雑誌や本はたくさん読むので、知識寄りの情報を十分に吸収できているのです。

　特にテレビのニュースは、よくありません。ネガティブなニュースばかりで、メンタルヘルス的にも見ないほうがいいでしょう。
　株や金融の仕事をしている人は、朝に日経新聞を読むことが必須かもしれませんが、業種によってはまったく役に立たない可能性もあります。「スポーツの結果」は、営業職の人には格好の雑談ネタになるかもしれませんが、スポーツに興味のない人には価値のない情報です。
　会社での仕事や自分のビジネスに直結するもの、つまり、自分の分野に特化したニュースだけを読めばいいのです。
　私たちの「時間」と「脳のリソース」は有限です。ニュースをインプットしたら、その分、別の情報や知識がインプットできなくなるというデメリットが発生しているのです。
　そのニュースは、あなたの人生に必要ですか？　あなたの自己成長を加速していますか？　漫然と「ニュースを見る、読む」をしないで、しっかりと取捨選択すべきです。

テレビのニュースを見るデメリット

(1) ネガティブなニュースが多い
　日本のニュース番組のニュースのほとんどは、ネガティブなものです。
　毎日見ていると、ネガティブ思考が確実に強化され、日本の未来に希望が持てなくなります。番組自体が不安を煽るつくりをしていますから、不安や心配が高まるだけです。

(2) 自分に必要なニュースはせいぜい2割
　ニュース番組は、国内の動向、事件、政治、経済、国際問題、天気、スポーツ、芸能など、さまざまな分野のニュースをもれなく扱います。10個のニュースがあっても、自分がどうしても知りたいニュースはせいぜい2個くらい。だとしたら、8割は時間の無駄です。

(3) 考え方が偏る
　テレビのニュース報道は、公平・中立ではありません。非常に偏った報道をしています。これを見続けると、偏った考え方に洗脳されるでしょう。ネットのニュースは、下手な解説やコメントが入らない分、はるかに中立です。

(4) 脳のゴールデンタイムを破壊する
　特に朝のニュース、朝の情報番組は見てはいけません。起床から2～3時間は集中力が高い「脳のゴールデンタイム」ですが、種々雑多の情報が脳に入ることで、脳が雑然とした状態になり「脳のゴールデンタイム」が破壊されます。結果として、午前中の仕事のパフォーマンスを著しく下げます。

これらのデメリットを超えるメリットがある場合は、見てもOK

あなたに本当に必要なニュースは？

必要

自分の仕事に関連したニュース → 空き容量

不要？

- アメリカ大統領の発言
- スポーツの結果
- 殺人事件
- 交通事故
- 天気予報
- 渋滞情報
- 株価
- 芸能人のゴシップ
- 行列のできるラーメン屋

ニュースをインプットすると、その分脳の空き容量は減る。
もっと自分に必要なインプットを入れるべきでは？

**朝食時や帰宅後に
漫然とニュース番組をかけるのをやめよう。**

CHAPTER5 INTERNET

56 制限する
Limit Using Digital Tools

スマホやSNSは「1日1時間以内」が理想

「長時間SNSやスマホを利用するほど、有益なインプットが得られる」と思っている人が多いでしょうが、完全に間違いです。SNSやスマホを長時間使うほど、集中力は低下し、注意散漫となり、仕事効率や学力も下がり、幸福度も下がります。

ミシガン大学の研究によると、Facebookの利用時間が長いほど主観的幸福が低下することが明らかになりました。孤独感を紛らわすためにSNSを利用する人は多いでしょうが、SNSの利用時間が長いほど、孤独感、抑うつは強まるのです。

また逆に、SNSの利用を30分以下に制限したところ、孤独感や抑うつに大幅な軽減が認められました。

ピッツバーグ大学の研究では、SNSの利用頻度が高ければ高いほどうつ病になりやすい。利用時間が短い人と比べ、利用時間の長い人がうつ病になるリスクは2.7倍高まる、という結果が出ました。

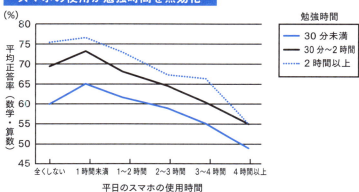

引用：『2時間の学習効果が消える！ やってはいけない脳の習慣』
（横田晋務著、川島隆太監修、青春出版社、2016年）

東北大学、川島隆太教授の研究によると、スマホの使用時間が1時間増えるごとに、数学・算数の成績が約5点減るという結果が出ています。同研究では「勉強時間」ごとの検討も行っており、「勉強時間30分以下でスマホを使わない生徒」より、「勉強時間4時間以上でスマホを使う生徒」のほうが成績が低い、という驚くべき結果になっています。スマホを使用することで勉強した結果が無効化される、ということです。

川島教授によれば、テレビ視聴、テレビゲーム、スマホ使用を長時間行うと、そのあとの30分〜1時間、前頭葉の機能低下が続き、前頭葉の機能が低下した状態で必死に勉強しても、その間の学習効果が得られないといいます。

このように、SNSやスマホの長時間使用が脳に悪影響を及ぼすデータが山ほど出ています。では何時間くらいならいいのかというと、「1日1時間以下」が推奨されます。SNSやスマホはダラダラ使わない。きちんと時間を制限して使わないと、確実に脳のパフォーマンスを下げるのです。

スマホ長時間使用の深刻なデメリット

スマホの長時間使用 →
- アウトプット時間↓ → 自己成長↓
- 集中力↓、学習機能↓ → 仕事効率↓ 学校の成績↓
- 脳のパフォーマンス↓ 物忘れ↑、ミス↑ → スマホ認知症
- スマホ依存症 → 仕事に支障 学校に行けない
- 孤独感↑、抑うつ↑ → うつ病 自殺率↑

スマホはただの「ツール」。
生活を支配されないようにしよう。

57 (スマホ利用を) 適正化する
Use Smartphones Properly

自殺の可能性さえ高める過度なスマホ利用

近年、うっかりミスが増える、物忘れが増えるなど認知症に似た症状を呈する「スマホ依存症」の危険性が指摘されています。

「スマホ依存症」の症状は、(1) スマホがないと落ち着かない、常にスマホが手放せない、暇があればスマホを見てしまうといった精神的依存。(2) 目の疲れ、視力低下、首こり、肩こり、頭痛、筋肉痛、腱鞘炎などの身体症状。(3) イライラ、不安、注意散漫、記憶力低下、睡眠障害などの精神症状。(4) 人と会わない、部屋にこもってしまう、人間関係に支障をきたすなどのコミュニケーションの障害、などが挙げられます。あなたは大丈夫でしょうか。

中高生の場合は、スマホ依存によって昼夜逆転し、学校の成績が下がり、学校に行けなくなる場合もあります。さらに、米疾病対策センター (CDC) の統計では、2010年から2015年までにアメリカの中高生の自殺率は31％上昇、特に女子では65％の上昇が認められました。自殺念慮はスマホの使用時間との相関が認められました。つまり、スマホを使い過ぎると自殺率が高まるのです。

スマホの長時間使用で、睡眠障害や、日中の注意力・集中力の低下、著しい仕事効率の低下が引き起こされます。便利なはずのスマホによって、仕事のパフォーマンスが下がるだけではなく、健康にも害を及ぼすのです。

では、スマホ利用時間は、何時間が適切なのでしょう？ 日本人のスマホ利用時間は平均3時間5分 (2018年12月)。前項のスマホ利用が1時間を超えると生徒の成績が下がるというデータからすると、健康や脳に影響を及ぼさない利用時間は1時間以下。4時間を超えるとかなり長く、スマホ依存症予備軍といえるでしょう。

「スマホ依存度」をチェック

☐食事中にスマホを見ていることが多い
☐友達と一緒にいてもずっとスマホを見ている
☐会議や宴会中などでもSNSが気になり、スマホを見てしまう
☐もしSNSがなかったら、人間関係がなくなると感じる
☐SNSに書き込むネタをつくるために行動することがある
☐自転車に乗りながらスマホを見ている
☐TPOにかかわらず、無意識にタッチパネルを触っている
☐電車の乗り換えのときもスマホを見ている
☐トイレの中にもスマホを持っていく
☐スマホを握ったまま眠ってしまうことがある
☐財布を忘れていてもスマホだけを持っていることがある
☐着信していないのに、スマホが振動した錯覚に陥る
☐わからないことはすぐスマホで調べる
☐スマホを忘れてしまった日はとても不安だ
☐朝起きてすぐにニュースやSNSをチェックする
☐スマホの充電器を忘れるとつい買ってしまうのでいくつも予備を持っている
☐電話よりメールのほうが意思が伝わる

レベル1	0個	問題なし
レベル2	1〜5個	依存症予備軍
レベル3	6〜10個	軽症
レベル4	11〜15個	重症
レベル5	16個以上	依存症

参考：MCEI「モバイル機器の利用実態」に関するアンケート調査（2014年）

いったんスマホ依存症になると、それを治すのは相当大変です。スマホ利用時間が4時間を超える人は、仕事のパフォーマンスを下げないためにも、少しでも利用時間を減らすよう努力すべきです。

【スマホ利用時間を減らすコツ】
(1) 通知をオフにする
　通知が入るたびに注意力・集中力が遮断され、脳にダメージを与えます。そのたびにスマホを見ることで、利用時間も長くなります。通知をオフにして、10分、15分おきに見るのはやめましょう。1時間に1回とか、休憩時間以外はスマホを開かないよう習慣化すべきです。

(2) 寝室にスマホを持ち込まない
　寝る前1時間以内にスマホを見ると、ブルーライトの悪影響によって不眠の原因になり、睡眠の質も低下します。寝室にスマホを持ち込まず、寝る前1時間スマホをしないだけでも、かなり違います。

(3) スマホ依存対策アプリを使う
　iPhoneなら「スクリーンタイム」(iOS12以後デフォルト)、アンドロイドなら「UBhind」などのアプリがあります。まず、アプリごとの使用時間がわかりますので、使い過ぎのアプリが特定できます。1日3時間などと決めて設定すると、それを超えるとスマホがロックされて使用不能となります。全部使えなくて困るという場合は、アプリごとに使用時間を制限してロックをかけることができます。自分でやっても、すぐに設定を変更してしまうという依存症の人は、家族にパスコードを設定してもらうと自分では変更不能となります。

(4) 充電器、充電ケーブルを持ち歩かない
　これはかなりおすすめの方法です。バッテリーがなくなると、

SNSのアクセスも電話の受信も不能になりますから、ダラダラとした不必要なスマホ利用を確実に減らすことができます。

(5) 料金プランを変更する

料金プランをデータ料の少ないプランに変更して、強制的に使用を制限します。使い放題プラン、大容量プランは、スマホ依存症の温床です。

ちなみに、私のスマホの平均使用時間は1日30分程度です。スマホの長時間使用は、仕事のパフォーマンスを下げ、記憶力も低下させます。せっかく『インプット大全』のノウハウをがんばっても、すべてが無駄になりますので、ご注意ください。

私がよく使うスマホアプリ　ベスト10

	アプリ名	用途
1	メッセンジャー（Facebook）	仕事の連絡用【起動回数最多】
2	Facebook	記事投稿、アウトプット用
3	カメラ	記事投稿、アウトプット用
4	TVer	運動中に動画を見る【利用時間最長】
5	dマガジン	移動中に雑誌を読む
6	Slack	仕事の指示
7	ボイスメモ	取材時の録音、バックアップ
8	Sleep Meister	睡眠の記録
9	乗換案内	外出、移動時
10	Google Map	外出、移動時

 「とりあえずスマホ」「寝る前にスマホ」をまずはやめてみよう。

THE POWER OF
INPUT

CHAPTER6
あらゆる能力を引き出す
最強の学び方
LEARN

CHAPTER6 LEARN

58 人と会う
Meet People

「100人と1回」より「10人と10回」

「人・本・旅」――人間が賢くなるために必要なのはこの3つ。たくさん人と会い、たくさん本を読み、たくさん旅をすることで人生が豊かになる。大切なお金はそういうことに優先的に使いたいと思います。

ライフネット生命保険会長、出口治明氏が、『NIKKEI STYLE』のインタビューでこのような話をしていました。

私もまったく同感です。この3つの中でも、特に「人と会う」という部分が重要ですが、ビジネスマンの中には苦手とする方も多いでしょう。

人と会い、関係性を築き、いろいろなことを教えてもらい、また自分も教え、互いに気付きを得ながら、一緒に自己成長していく。そういう「仲間」を持つことで、自己成長は猛烈に加速していきます。自分ひとりで部屋にこもって、どれだけ必死にインプット、アウトプットを繰り返しても、成長に限界があります。

人と会うことで、自分が悩んでいた問題や課題に対する答えが、簡単に見つかることも多いです。「人と会う」ことは、自己成長の加速装置であり、究極のインプット術です。

とはいえ、ただ1回会うだけではだめ。交流し、関係性を深めていく必要があります。そこで、私が人と会うときに意識している「交流術」を7つお伝えします。

（1）何度も会う

「人と会う」といっても、100人の人と1回ずつ会っても、なんの自己成長も起きないと思います。1回会っただけでは人との関係性が深まらないからです。心理学で、「人と会う回数が増えるほど、親密度は高まる」という「ザイオンス効果」という法則があります。100人と1回ずつ会う暇があれば、10人と10回

会うべきです。

（2）今すぐ、アポを入れる

　交流会などで、「また今度ご連絡します」というやりとりがされますが、「また今度」が実現した試しはありません。ほとんどの場合は、それっきりで終わってしまいます。せっかく「いい出会い」があっても、「2回目に会う」ことがなければ、出会わないのと同じです。私は興味がある人がいれば、その場で次のアポイントを入れます。1対1で会う時間がとれない場合は、自分が主催する会に呼んだりします。興味がある人と出会えたなら、その場で次に会えるようアポを入れましょう。

（3）与える

　レベルの低い交流会には、「してください」「お願いします」と人に頼みごとばかりするわりには、自分は何もしない「クレクレ星人」がたくさん棲息しています。

　自分が受け取ることしか考えていない人は、間違いなく嫌われます。まずは「受け取る」ことではなく、「与える」ことを考えましょう。お金や物を与えるのではなく、情報や知識を与えること。自分ができる応援や貢献をしていくことです。

たくさんの人と交流すると……

1日1時間の交流時間 ➡ 1週間で420分

100人と交流する人　ひとりあたり 4.2分

10人と交流する人　ひとりあたり 42分

親しくなれるのは、どっち？

- 時間は有限
- 交流人数を増やすほど、関係は薄くなる

CHAPTER6　あらゆる能力を引き出す最強の学び方

「与える」ことができる人は、人から好かれ、同じような他者貢献の精神を持った人とつながることができます。

(4) すべての人と仲よくしない

人との交流でよくないのが、すべての人と仲よくすることです。「友達100人できるかな」の小学生の歌に象徴されるように、日本では「たくさんの人、すべての人と仲よくしなさい」といった教育がまかり通っていますが、これは不可能です。

人間の時間は有限ですから、反りの合わない人と仲よくなるのに膨大な時間を注ぐよりも、「自分が親しくなりたい、気の合いそうな人」と会う時間を増やすべきです。

そのためには、ピンとこない人からの誘い、気が進まない飲み会の誘いは、断るべきです。また、「クレクレ星人」からの誘いは、一瞬で断ってください。時間と労力をすべて奪われ、何も残りません。

(5) 1対1で会う

1対1で会うと、人間関係はものすごく深まります。グループで10回会うよりも、1対1で1回、じっくりと話したほうがいいでしょう。

グループで会うのは「仲よくなる」入り口としてはとてもいいですが、複数人で会話すると、どうしても自分が「話したいこと」から話が逸れてしまいます。人間関係を「深める」という目的に

1対1で会う

親しくなれるのは、どっち？

おいては、グループで会うのではなく1対1で会うことが必須です。

（6）つながり続ける

1年以上つながっていく中で、その人が自分の人生の重要なキーマンであることに気付くことがあります。2度、3度会っても、相手を深くまで理解することは簡単ではありません。継続的につながることで、互いにいい影響を与え合うのです。

（7）一緒に成長する仲間を見つける

途中で挫折する人、続けられない人の共通点があります。それは「ひとりでがんばっている」ということです。3年間、あるいは10年間、たったひとりでコツコツ続けていくということは、脳内物質の仕組みから考えても不可能に近いです。

大きな目標を達成する人には、共通点があります。それは、「一緒に成長する仲間」を持っているということです。応援し、応援される。助け、助けられる仲間なしでは、モチベーションを維持し、努力し続けることはできないのです。

「人と会う」ための目的は、ズバリ一緒に成長する仲間を見つけることです。

仲間がいると成功が速い

ひとりでがんばる人	仲間と一緒にがんばる人

早く目的地に着くのは、どっち？

 交友関係を見直し
今後もつながり続けたい人に連絡してみよう。

CHAPTER6 LEARN

59 コミュニティに参加する
Join Communities

自分と気の合う人たちと出会える場

　何度も会い、つながり続け、価値観が共有できる一緒に成長する仲間を見つけると爆発的に自己成長できる、という「人と会う」コツをお伝えしましたが、「そんな人とどこで出会えばいいんだろう」と思った人も多いでしょう。

　家と会社を往復する限り、会社や仕事関係以外の交友が広がることはまずありません。あなたの交友関係のコンフォートゾーン（快適領域）を出て、まだ会ったことのない人に会いに行かなくてはいけません。

　新しい人とつながるのに最初に思い浮かぶのは、「異業種交流会」や「パーティー」です。私も数多くの交流会、パーティーに参加してきましたが、あたり外れが非常に大きいです。自分から話しかけてアポを入れるなど、かなり積極的に動かないと出会いにはつながりません。

　私がおすすめするのは、「コミュニティ」に参加することです。「コミュニティ」とは、ビジネス勉強会、趣味サークル、スポーツ同好会、オンラインサロンなど。カルチャーセンターや料理教

コミュニティに参加するメリット

① 参加者と継続的につながれる。
② 同じ目的、興味、関心を持っている人が集まっている。
③ 一緒に成長する仲間を見つけやすい。
④ 教え合う、応援し合う関係をつくりやすい。
⑤ 主催者と仲よくなれる。
⑥ （単発の会やイベントと比べて）継続して参加することで、結果が出やすい。自己成長につながりやすい。
⑦ 楽しい！

室などの習いごともコミュニティといえます。

コミュニティのメリットは、「目的が明確」なので「同じ指向性を持った人が集まっている」、つまり自分と似た人たち、気の合う人たちと出会える可能性が大きいのです。

また、ほとんどのコミュニティは定期的に例会や集会を行っていますので、必然的にリアルで「何度も会う」「つながり続ける」ことが可能。参加者同士の関係性は自然と深まっていきます。

失敗しないコミュニティを選ぶには、主催者を調べる、あるいは、一度会ってみるのがいいでしょう。主催者が人間的にリスペクトできて、その人と一緒にいるのが「楽しい」と思えるのなら、そのコミュニティにいても楽しいはずです。

ネットで検索すれば、コミュニティはいくらでも検索できます。Facebookのタイムラインには、そうしたコミュニティ主催のイベントの案内が毎日流れています。「これは」と思ったものがあれば、勇気を出して参加してみましょう。

「参加するコミュニティが見つからない」という方は、私が主催するコミュニティにぜひご参加ください（201ページ参照）。

失敗しないコミュニティ選び

① 主催者がリスペクトできる人である。
② 会の目的、得られるものが明確。それが自分の「目的」と一致している。
③ ある程度継続していて、実績も出ている。
④ 定期的にリアルの例会が開催されている（ネットだけのコミュニティはメリットが少ない）。
⑤ 参加者の評判がよい（ネットで口コミを検索する）。参加者から直接意見を聞ければベスト。
⑥ 安価なコミュニティであれば、とりあえず入会して様子を見てみる（合わなければ辞めればよい）。

「仕事関係」と「学生時代の友人」以外の交友関係を開拓しよう。

CHAPTER6 LEARN

60 1対1で学ぶ
Learn 1 on 1

「相手から好かれる」ことで学びを最大に

　「本を読む」の項目でお伝えしたように、学びのステップの頂点に位置するのは「直接学ぶ」ことです。この「直接学ぶ」には2パターンあります。

　ひとつは、セミナーや講演、講義のように、たくさんの受講者がいる場合。もうひとつが、1対1で直接教えてもらうマンツーマンです。

　英会話の10人のグループレッスンよりも、マンツーマンの個人レッスンのほうが、学びの効率がよく、自己成長が速いことは誰でもわかるでしょう。しかし、グループレッスンと比べて、マンツーマンレッスンは受講料が何倍もします。

　1対1で直接学ぶのは、学びの効率が極めて高いのですが、その分高いお金を払わなくてはなりません。しかし、なかなか払えないという人も多いのではないでしょうか。

　そんな人のために、高いお金を払わずに、その道の専門家から1対1で上手に学ぶ、1対1で上手に意見やアドバイスをもらう方法を教えます。先輩や上司、先生、講師、専門家など、自分よりも目上の人から教えてもらうすべてのシチュエーションで応用

インプットのステージ

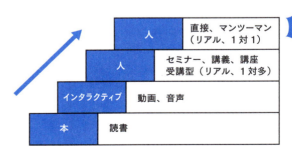

可能です。

（1）最低限のことは調べておく

　私のセミナー後の懇親会では、「なんでも質問してください」と、参加者のあらゆる質問にお答えするのですが、非常にテンションが下がる質問があります。

　それは、私の著書にすでに書いてあるあまりにも基本的な質問です。本を読めばわかることを、自分でまったく勉強せずに、リアルの場で質問するというのは、非常に失礼な話です。

　会社でも、マニュアルに書いてあることをわざわざ上司に質問したら、「まずマニュアルを読め」といわれるだけです。質問は相手の時間を奪う行為なので、せっかくの質問のチャンスは、レベルの高い本質的な質問をしたいものです。

（2）熱心である

　すべての講師や教師にいえると思いますが、「熱心な生徒」「熱心な受講生」には好感を持ちます。彼らは、教える以上は「より成長してほしい」と思っていますから、熱心に、熱意を持って質問し、積極的、自発的に学ぶ姿勢が伝われば、より詳しい内容、よりレベルの高い内容を教えてもらえる可能性が高まります。

（3）素直である

　アドバイスや助言をしても、「それって○○ですよね」といちいち反論したり、「無理です」とネガティブな反応をする人がいます。

　教える側としては、ものすごくテンションが下がります。反論や意見は、実行してからいうべきもの。アドバイスをもらった直後に出てくる、行動の伴わない反論は、「机上の空論」であって、議論するだけ時間の無駄だからです。

　「わかりました。明日からやってみます！」と素直な人には、「もっと教えたい」と思います。

(4) 何度も会う

何度も会うことで親密度が高まるので（188ページ「ザイオンス効果」）、「教えてあげたい」という気持ちも強まります。

初対面では相手のことがよくわからないので、一般的なアドバイスしかできませんが、何度も会うことで相手のレベル、実力、状況などを詳しく把握でき、より精度の高い、具体的で実践的な個別のアドバイスをすることができるのです。

(5) 価値を提供する

私の主催するウェブ心理塾では、セミナーの受付や会場の準備などを、塾生のボランティアに手伝ってもらっています。そういうお手伝いをしてくれている人に関しては、心理学の「返報性の法則」が働き、「恩返しをしたい」と思います。他の塾生以上に、熱心にアドバイスや助言をしてしまうのです。差をつけるわけではありませんが、それが人間の心理です。

貢献する。応援する。価値を提供する。「ありがとう」という感謝の気持ちが、貴重なインプットとして、自分に返ってくるのです。

(6) 教えてもらったことを実践している

何度も会う場合、「前回のアドバイスをクリアしている」「教えてもらったことを実践している」ということが重要です。

ブログを始めた方に「ブログは毎日更新するのがベスト」とアドバイスします。1カ月後に会ったときに、「ブログ毎日更新している？」と聞いて「全然、やってないです」といわれると、「じゃあ、毎日更新してね」と前回と同じアドバイスをするしかありません。

「毎日更新してみたんですが、アクセス数が増えないんです」といわれて初めて、「じゃあ、○○したらいいよ」と次のアドバイスができるのです。教えてもらったことを、次に会うまでに実践しておくこと。

これがないと、どんなに素晴らしいアドバイスをもらっても、まったく自己成長につながりません。

（7）感謝する

「貴重なアドバイス、ありがとうございました！」「役に立つお話、ありがとうございました！」私は今まで数千人に教えていますが、「ありがとうございました！」といわれると、素直にうれしいです。

「感謝の言葉」には慣れの効果がないことが、ポジティブ心理学の研究で明らかになっています。100回いわれても、1,000回いわれても、感謝されると人間はうれしいのです。

ですから、人から何かを教えてもらったり、役に立つ話を聞いたときは、感謝の言葉をしっかりと述べましょう。相手との親密度が高まり、関係性が深まります。次回、さらにいいアドバイスがもらえるに違いありません。

同じお金を払って同じ会に参加しても、上手に貴重なアドバイスをもらえる人と、そうでない人がいるのです。「人から教えてもらう方法」は、言い換えると「相手に好かれる方法」でもあります。ぜひ実行してください。

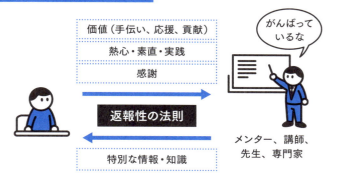

人から教えてもらう方法

人からもらったアドバイスは謙虚に、着実に遂行しよう。

CHAPTER6 LEARN

61 メンターに学ぶ1
Learn from a Mentor 1

「そうなりたい人」を徹底的に真似る

あなたには、メンターがいますか？ 「メンターとの出会い方」が書かれた本も増えていますが、まだまだ「メンター」という言葉は一般的ではないかもしれません。

メンターとは「師」「師匠」という意味で、何かを習うときの師匠や先生のこと。さらに広い意味で「人生の師匠」「人生の目標とする人物」という意味でも使われています。

メンターをわかりやすく一言でいえば、「そうなりたい人」です。野球少年が「イチロー選手みたいになりたい！」と思えば、イチロー選手がメンターです。

メンターを持つと、どんなメリットがあるのでしょうか。それは、自己成長が猛烈に加速します。心理学でいうところの「モデリング」が働くからです。モデリングとは、対象物（モデル）の動作や行動を見て真似ることで、その動作や行動を習得する、観察学習のことです。赤ん坊が親の行動の一挙手一投足を見て真似たり、言葉を習得していくのもモデリングです。

一昔前の話ですが、髪型、メイク、ファッションなどをそっくり真似た「安室奈美恵風のギャル」が渋谷で大量増殖しましたが、これもモデリングです。動作や行動だけではなく、ファッションや歌い方まで真似ることで、その人に近付こうとするし、実際に近付くことができます。

ビジネスでいうと、大きな結果を出している人の行動や考え方を真似て、なりきることによって、モデルと同じような大きな結果を出していく。そのときのモデルとなるのが「メンター」です。

メンターに必要な条件は、「リスペクト（敬意）」と「そうなりたい」という想い。「自分も、そのようになりたい」という強い

想いがあれば、無意識に行動や考え方を自然にコピーし、それを身につけることが可能となります。

あなたの勉強や成長のためのメンターであれば、ファッションや髪型までは真似る必要はないですが、その人の生活習慣やライフスタイルなども真似ることができるのなら真似たほうがいいでしょう。

あるいは、その人が若い頃に何をやっていたのか。どんな勉強、どんな練習をしてきたのか。

そうした、メンターの勉強法や練習法なども徹底して真似ましょう。著作、伝記や自伝などが参考になります。

「学ぶ」の語源は「真似ぶ」。つまり、真似ることが学びの始まりです。

メンター＝「そうなりたい人」を真似る

モデリング

憧れの人を真似ることで自己成長が加速

メンターの著作やブログを読み
真似できるポイントを洗い出そう。

CHAPTER6 LEARN

62 メンターに学ぶ2
Learn from a Mentor 2

「すごい！」と思った人には直接会いに行く

　私のメンターは、「月曜ロードショー」の解説者、映画評論家の荻昌弘さん。そして、ヒロイック・ファンタジー『グイン・サーガ』の作者、小説家の栗本薫さんです。

　荻さんは、グルメブームの先駆けであり、「遊び」を「仕事」にすることの先駆者でもあります。その意味において、3分の動画で悩みについて解説し、映画やグルメ、旅行を「仕事」に結びつけている私の生き方は、荻さんのライフスタイルそのものです。

　栗本さんの「毎日、原稿用紙20枚を書かないと調子が悪い」という言葉を読んだ高校生の私は、「どうやれば1日20枚書けるんだ？」と思いましたが、最近では普通に書けるようになりました。

　今、私が作家として活躍しているのは、『グイン・サーガ』をきっかけに圧倒的な読書好きになったからであり、彼女のライティングスタイルをモデリングしたから。栗本薫なしに作家、樺沢紫苑は存在しません。

　偉大な2人を追い越すことは無理としても、思った以上に接近できている気がします。2人はすでに故人となっていますが、私をここまで引き上げてくれたことに、心から感謝しています。

　「メンターを持つ」ということは、圧倒的に自己成長を加速させ、実際、知らず知らずのうちにメンターに近付いていくのです。

　「メンターがいない」「メンターが見つからない」という話をよく聞きますが、「自分のメンターは、どこにいるかな？」と探しても見つかりません。メンターと会っても「この人が自分のメンターだ！」とは思わないからです。

　まず最初に「すごい！」「かっこいい！」という感情が湧き上がります。そして「自分もこれをやってみたい」「自分もこの人みたいになりたいな」という強烈な思いが湧いてくる。とすれば、

それがメンターです。

メンターとは、「自分がそうなりたい！」と思う人のことです。ですから、探せば、必ずいるはずです。

本をたくさん読めば、「この人すごいな。自分もこういうことしたいな」と思える人が出てきます。あるいは、『情熱大陸』などの人物ドキュメントを見るのもいいでしょう。

そして、「この人、すごい！」と思ったら、その人に直接会いに行くことです。著名人であれば、講演、セミナー、イベントなどを開催している人も多いはずです。

とにかく「この人だ！」というメンターを見つけてください。もし私をメンターにしたいという人は、樺沢主催のコミュニティに参加するといいでしょう。樺沢に直接会うことができます。

私が主催する2つのコミュニティ

	樺沢塾	ウェブ心理塾
目的	社会人として必須の仕事術、勉強法、健康法ノウハウを学ぶ。さらにそれをアウトプットする実践的な会。	インターネットの情報発信を学び、講師、著者を目指す勉強コミュニティ。
概要	2016年設立 会員数1,100人 会費1,620円／月	2009年設立 会員数400人 会費5,000円／月
内容	月2回、撮影会を兼ねた懇親会を開催。30分の動画コンテンツを月3回更新。過去動画120本、60時間以上が見放題。	月1回、塾生向けセミナー（3時間）を開催、終了後に懇親会。セミナーは動画視聴可能。過去動画80本、300時間以上が見放題。
実績	参加者の多くが仕事力、アウトプット力の向上を実感。ブログをはじめ、積極的な情報発信で結果を出している塾生多数。	10万部のベストセラー作家3人を含め50人以上の著者が誕生。著名人の在籍も多く、出版界における一大勢力となっている。
特典	毎月、樺沢と会える！	毎月、樺沢と会える！
詳細	https://lounge.dmm.com/detail/60/	http://kabasawa.biz/b/webshin2.html

「ピン！」ときた人には
なんとか直接会える手段を考えよう。

CHAPTER6 LEARN

63 自分を知る
Know Yourself

自分と向き合い、自己洞察力を高める

世の中にはいろいろな学びがあると思いますが、**いちばん学ぶべきは「自分自身」について**です。自分自身を知る、自己探求する。これは、幸せになるために不可欠な行為です。

自分のビジョンが定まらない人は、目的地を決めずに航海するようなもの。大海原で適当に舵をとって、偶然に宝島に到達することは不可能です。

自己理解を深めるためには、自己洞察力を高めることが不可欠です。自己洞察力が高い人は、感情のコントロールが上手です。「今、自分はイラついている」とすぐに気付けば、対処もしやすい。

自己洞察で自分の短所を知ればそれを克服することができるし、長所を知ればそれを伸ばすことができる。**自己成長を加速するためには、自己洞察力を高めて、「自分を知る」こと**です。

自己洞察力が高い人は、メンタル疾患になりづらいともいえます。または、なっても軽症のうちに気付けるので大きな痛手を被りません。メンタル疾患を患っている人の多くは、自己洞察能力が低いので、それを高めることによって病気を治し、再発を防ぐことが可能になります。

【自己洞察力を高める方法】
(1) 哲学、宗教、歴史、生き方の本などを読んでみる。
(2) 人間の心理を深く描いた小説を読んでみる。
(3) 魂を揺さぶる映画を観る。

「自分と向き合う」インプットをすることで、自己洞察のチャンスが生まれます。次に、

(4) 自己洞察を文章化して、客観的に読み直す。
(5) 日記を書く。

など、「自分と向き合う」アウトプットで、自己洞察が深まります。

特に「日記」は有効な方法です。ブログに毎日の出来事を書くのも、立派な日記です。
(6) 新しいことにチャレンジする。
(7) 旅に出る。
のもいいでしょう。

　新しい行動を起こすことで、それが自分に向いているのか、いないのか。自分にとって楽しいのか、つらいことなのか。実際に行動して、初めてわかるからです。

　「自分を知る」ということは、そう簡単なことではありません。それは一生かけて行う作業。"人生とは、「自分を知る」旅"といってもいいでしょう。

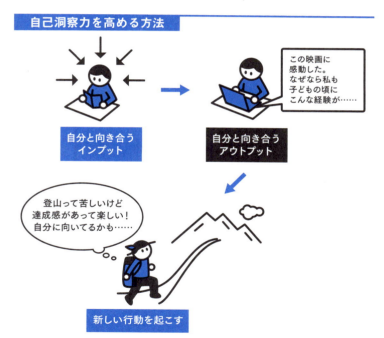

 自分は何が好きで、何に感動するか立ち止まって考えてみよう。

CHAPTER6 LEARN

64 病気から学ぶ
Learn from an Illness

病気は気付きを与えてくれる「警告サイン」

　病気になった患者さんは、「なんでこんなことになったんだろう。自分って、なんて不運なんだ」と悩み、苦しみます。そうした自責や後悔の念は、ストレスを増やして病気を悪化させることはあっても、病気を治すことにはなんの役にも立ちません。

　病気になったときにすべきことは、自分や他人を責めるのではなく、病気を受け入れること。そして、「なぜ病気になったのか？」という問題と向き合い、自分なりの答えを出す。つまり、「病気から学ぶ」ことです。

　原因不明の疾患もありますが、病気（特にメンタル疾患の場合）は、精神的なストレス、人間関係のトラブル、仕事が忙しく休養不足、睡眠不足、運動不足など、自分の行動や生活パターンに何がしかの原因があるのです。そこに気付いて修正しない限り、入院や薬で治療しても、また病気が再発するだけです。

　病気は、身体が私たちに発している「警告サイン」です。「身体や心が疲れています。これ以上無理して働くと、倒れますよ。身体が壊れる寸前ですよ」と気付かせ、大事に至らないようにするために、さまざまな症状を「警告サイン」として出すのです。

　かくいう私も、深刻な病気を経験しています。医者になって数年目の頃。午前中は外来、午後からは病棟の回診。さらに夜中には救急病棟からも呼び出される。1日14時間労働の日も。

　そんなある日、目が覚めると強い耳鳴りに襲われました。日に日に悪化し、やがて片耳がほとんど聞こえなくなりました。あわてて耳鼻科を受診すると、「突発性難聴」と診断されました。

　耳鼻科医はいいました。「このまま放置すると、耳が聞こえなくなることもあり得ます」。この言葉に衝撃を受けた私は、今ま

での仕事中心の生き方を改め、もっと自分らしく生きようと決意しました。飲酒量を控え、睡眠もしっかりとるようにしました。幸い1週間後には耳鳴りは消えて、聴力は戻りました。

聴覚を失うかもしれないという限界の状況で、健康であることや、病気を予防することの重要性を学んだのです。現在私が、本やYouTubeで「病気の予防」を繰り返しお伝えしているのは、このときの体験があるからです。

病気は、あなたに「気付き」や「学び」を与えるために生じている「警告サイン」です。「病気から学ぶ」ことができれば、そこはあなたの人生のターニングポイントになるでしょう。病気は、自己成長、自己変革の絶好のチャンスです。

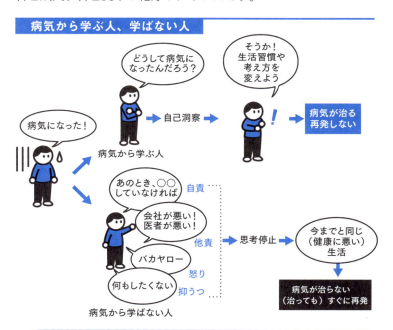
病気から学ぶ人、学ばない人

病気になった自分を責めず、病気からのメッセージを受け取ろう。

CHAPTER6 LEARN

65 歴史から学ぶ
Learn from History

成功と失敗の宝庫から得られる圧倒的な学び

「ビジネスマンは歴史から学べ！」「成功法則は歴史で学べ！」といわれます。とはいえ、歴史に興味のない人は、何から手をつけていいかわからないでしょう。

「歴史から学ぶメリット」と「歴史の学び方」について、お伝えします。

【歴史から学ぶメリット】
(1) ビジネス力、人間力が高まる

歴史は「なぜ？」の宝庫です。歴史を勉強するとは、「なぜ？」を追究すること。結果として、分析力、論理的思考力、仮説検証能力、問題解決能力などが養われます。ただ歴史の本を受動的に読むだけでなく、自分で仮説を考え、その証拠を集めるように読書の幅を広げるなど、能動的にかかわることが重要です。

また、偉人の生き方を学ぶことで、「人間力」「人間としてのあり方」「生き方」「人生哲学」などを身につけることができます。

(2) 失敗から学ぶ、成功法則を学ぶ

歴史というのは、成功と失敗の宝庫です。2,000年以上の歴史の中で、ありとあらゆる「成功」と「失敗」が記録されています。数千人もの詳細なケーススタディ。成功パターンも失敗パターンも、すべて出尽くしているのです。

(3) モチベーションを上げる

歴史上の人物や偉人は、メンターになりやすい。「自分も坂本龍馬のように社会を変える原動力になりたい！」と思えば、あなたの考え方や行動パターンは龍馬に近づいていきます。

また、大好きな歴史上の人物が活躍する漫画や小説を読んだり、

ドラマや映画を観たりするとテンションが上がります。つまり、「自分もがんばろう！」「何か大きなことを成し遂げよう！」とモチベーションが上がるのです。

【歴史の学び方】
（1）自分の好きな時代と国、好きな人物を見つける
（2）漫画、小説、映画、ドラマから入る
（3）本格的な歴史本、解説本を読む
（4）「なぜ？」を突き詰める（仮説を立て検証する）
（5）現地を訪れる

とりあえず、自分の関心のある時代、興味のある歴史上の人物に関する本を1冊読んでみることから、歴史からの学びは始まります。ぜひスタートしてみてください。

歴史の学び方

好きな時代や国、人物を見つけ、そこから探究を深めていく

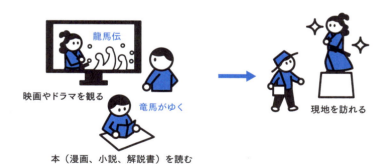

 好きな俳優の出ている歴史ものの映画を1作品観てみよう。

CHAPTER6 LEARN

66 検定を受ける
Take an Exam

楽しみながらできる最強の脳トレ

　最近は「学び」ブームです。「漢字検定」「簿記検定」「英語検定」など、数百もの検定があります。

　私は昔、検定というのを軽んじていました。それって、どこかの協会が金儲けのためにやっているだけじゃないのかと。しかし、実際に受けてみて評価は変わりました。

　検定は楽しいもの。実は、2014年からの3年間で、「ウイスキー検定2級」「ウイスキー検定1級」を受け、その後「ウイスキーエキスパート」「ウイスキープロフェッショナル」という4つのウイスキーの試験に合格しました。

　最初は「腕試し的に受けてみるか」という軽い気持ちでした。しかし、ウイスキーを飲むのは大好きなのに、製造法などをまったく知らないことに気付き、検定のために勉強していくうちに理解が深まり、ウイスキーの本当の魅力に目覚めたのです。

　高校・大学受験、社会人になってからの資格・昇進試験というのは、目標が明確なので、勉強にも力が入ります。合格するか否かで、人生を変えるインパクトがあります。しかし、40歳を超えると、何かの試験に向けて死ぬほど勉強するという機会はなかなかありません。「記憶力は年をとるとともに衰える」と思われていますが、それは間違いです。

　使わないので衰えるだけ。きちんと「記憶力」を鍛え続ければ、60歳、70歳になっても、脳はいきいきとしている、というのが最新の脳科学です。しかし、ある程度の大人になると、「記憶力」を鍛えて勉強する機会はめったにありません。

　「検定を受けよう」というのは、誰でも今すぐにでもできる簡単な決断です。ほとんどの検定は、4級から1級へ、初級、中級、上級と難易度がわかれています。これが、とてもいい。4級は、

少し勉強すると誰でも受かります。1級は相当勉強しないと受からない。その「ちょい難」の難易度が、モチベーション物質であり、学習物質でもあるドーパミンの分泌を促すのです。

　趣味を深めることは、楽しみながら学びを深め、脳を活性化し、記憶力を強化できます。一石四鳥の脳トレ効果が得られます。ちなみに、「楽しい」という瞬間に、すでにドーパミンが出ています。いまや数百の検定が、あらゆる分野であります。あなたの興味にマッチした検定が必ずあります。「学び」は一生もの。年を重ねた人ほど、検定の受験をおすすめします。検定は、最強の脳トレです。

検定受験のメリット

1. 勉強する目的ができる。
2. 短期間で記憶力のトレーニングができる。
3. その趣味の領域に興味が深まる。
4. 好奇心を刺激する。
5. 自分に自信がつく。
6. 自慢できる。ブランディングに役立つ。
7. 「すごいですね」といわれる。承認欲求が満たされる。
8. とにかくドーパミンが出る。
9. 人生が楽しくなる。

検定に合格する方法

（1）過去問研究	過去問過去5年分を全問正解できるようにしておけば、まず合格できます。とにかく過去問をしっかり解く。傾向を把握して、類似問題にも対応できるようにしておきましょう。
（2）対策講座	検定受験に向けて「対策講座」が開催される場合は、受けたほうがいいです。最近の傾向、最新情報などが補完されますので、万全の体制で受験できます。

 自分の趣味の分野に
検定がないか調べてみよう。

CHAPTER6 あらゆる能力を引き出す最強の学び方

67 資格をとる
Get a Qualification

カギとなるのは「資格」よりも「資質」

「キャリアアップしたい」「収入を増やしたい」という人が最初に思いつくアイデアは、「資格をとろう！」だと思います。

資格をとると、キャリアアップできるのか？　就職、再就職、転職に有利なのか？　収入は増えるのか？　これらは少し慎重に考える必要があります。なぜなら、私の友人や知人で、せっかく資格をとったのに、まったくいかせていない人が山ほどいるからです。

まず、あなたが何かの資格をとろうと思った場合、すでにその資格を持っている人、3人にインタビューしてください。「その資格をとってよかったですか？」「キャリアアップ、収入アップに役立ちましたか？」。かなり貴重な意見を聞けるはずです。

もし周りに、その資格を持っている人がいない場合は、異業種交流会に参加してみましょう。名刺に資格を書き連ねた人がたくさんいますので、簡単に意見を集められるはずです。

結論からいいますと、資格をとったからといって、簡単にキャリアアップしたり、収入が増えることは難しいと思います。今の時代、「弁護士」の資格を持っていても十分な収入が得られない人がいるほどです。

ファイナンシャルプランナー（FP）の資格を持って、ものすごく稼いでいる人もいれば、まったく資格を使えていない人もいます。結局、「資格」よりも「資質」なのです。本人が必死でがんばるかどうか。

資格というのは、「武器」です。それを活用しようと必死にがんばらないと、キャリアや収入のアップにまったく役立たないのです。

ですから、「資格をとれば収入が増える」という発想は間違いです。あなたが「やりたいこと」「実現したいこと」のためにその資格が必要ならば、絶対にとるべきです。

　逆に、「キャリアアップ」「収入アップ」を目的に資格をとる人は、思ったような効果が得られず、後悔するかもしれません。

　「資格をとると就職、再就職に有利！」というのは、通信教育会社のすり込みではありませんか？　いくつかの国家資格では、確かに有利なものもありますが、その難易度は非常に高いです。

　「検定を受ける」のと同様に、「勉強するチャンス」「記憶力のトレーニング」「脳トレ」として勉強するのはいいと思います。

　ただ、資格によっては、数百時間の勉強時間と、講座受講などに数十万円の投資が必要な場合もあります。それだけのエネルギーとお金があるのなら、私なら別のところに投資するでしょう。

資格取得のメリットとデメリット

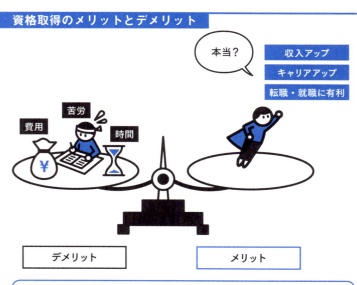

本当に自分にとって必要な資格かどうか確かめてから挑戦しよう。

CHAPTER6 LEARN

68 語学を学ぶ
Learn a Language

鍛えるべきは「外国人と仲よくなる力」

　「これからのAI時代、高性能の同時通訳アプリが出てくるのに、語学を学ぶ必要はありますか？」という質問を受けることがあります。

　目的が「意味を伝える」ことならば「同時通訳アプリがあれば十分」ということになりますが、私は語学の目的は「コミュニケーション」と考えます。

　文法的に多少間違っていても、それが通じて、相手と仲よくなれればOKです。ポイントは、「伝わるかどうか」という問題よりも、「仲よくなれるのか」という点にあります。

　私の経験からすると、「パーティートーク」ができる程度の語学力があれば、コミュニケーションにおいて非常に有利であり、外国人と仲よくなりやすいといえます。

　もうひとつ、「語学力」以上に必要なのが、外国人とのコミュニケーション能力です。たとえば、押しの強い外国人がクレームをいってきた場合、それと丁々発止でやりあえるのか？

　仮に外国人がペラペラの日本語で話してきても、押しで負ける日本人が多いでしょう。それは、「語学力」ではなくて「コミュニケーション力」が劣っているのです。その部分は、同時通訳アプリは補ってくれません。

【外国人コミュニケーション力トレーニング法】
（1）困っている外国人に話しかける

　駅のホームでスマホやガイドブックを見ながら、困った表情をしている外国人をよく見かけます。そんなとき、"May I help you ?"（どうしましたか？）と話しかけてみる。たいていは乗り換えがわからないだけなので、それを説明するのはそう難しく

ありません。度胸づけには、いい訓練となります。

（2）外国人バーに行く

スタンディング形式のアイリッシュパブなど、外国人が多いバーへ行きましょう。積極的に話しかけるとすぐに仲よくなることができます。

（3）外国人のコミュニティに参加する

バーなどで仲よくなると、「今度イベントがあるけど来ない？」とお誘いを受けるかもしれません。当然、そこに行くと多くの外国人が来ています。ひとりでも親しい外国人ができると、そこを突破口に、外国人のコミュニティに参加することができます。

（4）定期的に海外旅行に行く

海外旅行に行けば、外国人しかいないので、「語学」と「外国人コミュニケーション力」の両方がトレーニングできます。おすすめは、ツアーではない個人旅行。ひとりで行くと、多人数で行くよりもコミュニケーションが発生しやすく、外国人負けしない度胸がつくでしょう。

重要なのは外国人コミュニケーション力

語学力		外国人コミュニケーション力
同時通訳アプリでだいたいOK（今後さらに進化する）		・（外国人の前で）緊張しない ・（外国人に対する）コンプレックスを持たない ・（外国人相手に）気軽に話しかけられる ・（外国人と）仲よくなることができる ・（外国人に対して）押しで負けない ・相手の国の文化や習慣を理解し、配慮できる
パーティートークができるとベター（自己紹介、基本的な質問への応答）		

ペラペラ話すよりも「仲よくなる力」

 困っている外国人観光客を見かけたら積極的に話しかけよう。

CHAPTER6 LEARN

69 心理学を学ぶ
Study Psychology

非常にタフな「心理カウンセラー」の仕事

　「心理学を学びたい」という人は非常に多いです。また、2018年に国家資格「公認心理師」がスタートしたこともあり、「心理カウンセラーになりたい」という人がさらに増えています。
　さて、重要なのは「なんのために心理学を学ぶのか？」ということ。「人を癒やしたい、助けたい」というのならいいのですが、実際は「自分の過去や幼少期の心理的トラウマを解消したい」という人が多いのです。

　つまり、「自分を癒やしたい」ということ。しかし、自分自身を客観視するのは難しいため、心理学では「自分自身を癒やす」のは非常に難しいとされます。大学や大学院で心理学を学んだからといって、それでトラウマが解消できるものではないのです。
　仮にトラウマを抱えたまま心理カウンセラーになると、自分と似たトラウマを持つクライアント（来談者）に過剰に入れ込み、客観的にかかわれなくなり、クライアントに大きな不利益をもたらす、場合によっては悪化させることもあります。
　トラウマを癒やしたい人は、カウンセラーになるよりも、まずカウンセリングを受けたほうがいいでしょう。
　心理カウンセラーという職業は、人を支え、人を癒やすやりがいのある職業です。ただし、ネガティブな話を何時間も聞くことで、自分の心に影響を受けることも多い。ストレスも多く、心理的にもタフな仕事です。

　大学で心理学を学んでいない人が、ゼロから「公認心理師」になるのはかなり大変です。大学4年と大学院2年（または実地研修2年）で、受験資格を得るまでに6年かかります。
　4大卒の人は「3年次」への編入ができるので、大学は2年で、

合計4年です。さらにそこから国家試験を受けて合格しないといけません（合格率約8割）。

時間もお金も相当かかります。現在高校生の方が、これから心理学部に入るというのはいいでしょうが、現在社会人の方が、これから「公認心理師」をとるというのは、ものすごく大変です。

今までの「臨床心理士」が学会資格だったのに対して、「公認心理師」が国家資格になったことで、今後、「公認心理師によるカウンセリング」が保険適用になる可能性が高いです。そうなると、病院で心理師を雇う数も増えていきます。

心理カウンセリングが必要な人はたくさんいるので、心理師が活躍できる場は増えていくと予想されます。取得するのが難しいだけに、就職や転職には有利な資格であるといえるでしょう。

なるのも大変、なってからも大変。しかし、やりがいのある仕事であることは間違いない。それでも、「心理カウンセラーになりたい」という覚悟のある方は、ぜひ目指してほしいと思います。

公認心理師になる主なルート

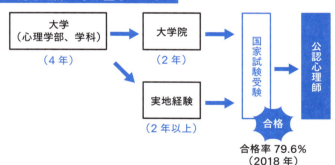

すでに大卒資格を持つ人は3年次に編入可能なので、最短2年で大学の単位履修が可能。大学カリキュラムは「放送大学」も対応。実際、条件などがかなり複雑なので、厚生労働省のHPなどで必ず詳細を確認してください。

 「なんのために学ぶのか」を明確に。覚悟があれば資格取得の道も。

CHAPTER6 LEARN

70 大学院に行く
Go to Graduate School

行くならば「大変さ」を覚悟して

　大学を卒業したあと、大学院に進んで学びを深めたい。あるいは、社会人として働きながら、社会人大学院に通いたい、と考えている人は多いはずです。実際、私の友人でも、社会人大学院に通っている人、あるいは卒業した人が何人もいます。

　結論からいいますと、大学院に通い学位論文を書いて卒業するのは、ものすごく大変なのでおすすめしません。修士課程はまだしも、博士課程はさらに大変です。

　私の元にも「大学院がこんなに大変だとは知らなかった」「大学院の担当教授と反りが合わなくて地獄です」「自分が学びたかったこととは違う研究をさせられている」といった悩みが多数寄せられています。

　大学院があなたの人生において絶対に必要なら行くべきですが、「就職活動が不調だからとりあえず」「まだ社会人として働きたくないから」という消極的理由だとたいてい後悔します。

　大学院に行くべき理由は（1）どうしてもその教授から学びたい専門分野がある（2）博士号をとって海外に留学したい（3）将来、研究職につきたい、などです。

　私の場合、海外留学をしたかったので博士号をとりましたが（大学院ではなく論文博士）、普通に仕事をしてからその後4～5時間実験をするので、毎日帰るのは終電間際。1日14時間くらい拘束される地獄の生活を数年経験しました。ただし、その後アメリカ留学できたので、元はとったと思います。

　大学院というのは、「学生」というよりは、「研究生」として働くイメージです。あるいは、「小間使い」のように院生を酷使する教授もいると聞きます。

大学院では、膨大な「課題」が出されます。社会人大学院生だと、昼は仕事をしなくてはいけないし、土日も授業があるので、結局、睡眠時間を削ってやるしかなくなります。研究を行い、研究をまとめて学位論文（多くの場合英語）を書くのも、膨大な時間を要し、精神的にもすごいプレッシャーです。

数年間の時間と数百万円の学費。それで「大学院に入って後悔した」とすれば、それは「人生の巨大な損失」となります。

大学院の説明会に行っても、こうした「大学院の大変さ」は、まったく説明されません。ほとんどの人は、入ってから「こんなに忙しいのか」とびっくりします。

まずは、よくリサーチしてください。できれば、自分の入ろうとする大学院の院生や卒業生から直接話を聞く。あるいは、他大学でもよいので、大学院経験者の話を聞く。ネットで口コミを調べる。教授、担当教官の研究内容についても徹底的に調べる。担当教官の本や論文に目を通すのも必須です。

あなたの人生にとって、大学院は「100%必要」ですか？

迷わず「イエス」といえる人は、「大変さ」を覚悟して行ってください。研究を通して初めて見えてくる学問のおもしろさには、格別なものがありますから。

あなたの人生に大学院は「100%必要」？

「消去法」で行くのは絶対に NG。
徹底的なリサーチが必須。

CHAPTER6 LEARN

71 遊ぶ
Play

自己成長につながる「能動的娯楽」

遊びは、「インプット」といえるでしょうか?

「楽しかった」「おもしろかった」で終わってしまう遊びは、インプットとはいえません。遊んでいても、そこから「気付き」を得て、「自己成長」につながるのであれば、有益なインプットといえます。

娯楽には2種類あります。フロー概念の提唱者であり集中力研究の世界的権威であるチクセントミハイ教授は、娯楽を「受動的娯楽」と「能動的娯楽」にわけました。

テレビ、ゲーム、ただスマホを見るなど、ほとんど集中力を使わず、スキルも必要としないのが「受動的娯楽」です。読書、スポーツ、ボードゲーム(チェスや将棋)、楽器演奏など、集中力を要し、目標設定とスキルの向上を要するのが「能動的娯楽」です。

「能動的娯楽」をする時間が長い人は、フロー(時間を忘れるような高度の集中)状態に入りやすく、「受動的娯楽」を多くする人は、フロー状態に入りづらい。

チクセントミハイ教授は、能力を発揮するフロー体験は人を成長させ、受動的な娯楽は何も生まないといいます。能動的娯楽は、集中力を高めるトレーニングとなり自己成長につながる一方で、受動的娯楽は何も生まない、ただの時間の浪費です。あなたは、自分の貴重な自由時間を、どちらに使いたいですか?

ただし、同じ「娯楽」でも、自分次第で「受動的」にも「能動的」にも変わります。映画を観て「あー、おもしろかった」で終わってしまえば受動的娯楽であり、そこから気付きを得ようと集中して鑑賞し、観終わったあとにそれらをアウトプットすれば能動的娯楽です。

私の趣味である「ウイスキー」も、ただ飲んで、酔っ払って、「あー、おいしかった」で終わってしまえば受動的娯楽。香りと味に集中してテイスティングし、その結果をテイスティングノートに書く。さらに、ウイスキー検定を受けようと勉強していくなら、明らかに能動的娯楽です。

　「集中力を高める」「目標を設定する」「スキルアップする」の3つの条件がそろえば、「能動的娯楽」になります。

　同じ「遊び」をするにしても、受動的に終わらせるか、能動的にかかわっていくか。それによって、「娯楽」と思っていたものが、有益な自己投資、自己成長のチャンスに変わるのです。

受動的娯楽と能動的娯楽

受動的娯楽	能動的娯楽
テレビ、ゲーム、スマホ	読書、ボードゲーム（将棋、囲碁、チェス）、楽器の演奏、ダンス、スポーツ
集中力、スキルを必要としない（疲れていても普通にできる）	集中力、目標設定、スキル向上を要する
フローに入りにくい	フローに入りやすい
集中力を下げるトレーニング	集中力を高めるトレーニング
自己成長につながらない	自己成長を加速する
浪費型娯楽	自己投資型娯楽

参考：『フロー体験入門――楽しみと創造の心理学』
（M.チクセントミハイ著、大森弘訳、世界思想社、2010年）をもとに作成、加筆

せっかく遊ぶなら能動的に。
目標を定めてとことん極めよう。

CHAPTER6 LEARN

72 上手に遊ぶ
Play Well

遊びの予定も「書く」ことで実行に近付く

　日本人は遊びが下手です。「遊び」よりも「仕事」を優先し、楽しくない毎日を自分でつくり上げているのです。

　「働き方改革関連法」が施行され、長時間残業が禁止となりました。罰則規定もあるので、日本人の労働時間は、間違いなく短縮していくでしょう。

　結果として自由時間が増えますが、その自由時間をどう使うのか。ダラダラ過ごしてしまうのか、能動的娯楽で自己成長するのか。今まで以上に、「上手に遊ぶ」ことが重要になってきます。

　「遊び」はリフレッシュですから、リフレッシュできない人は仕事のパフォーマンスが下がります。上手に遊べる人が仕事をバリバリこなし、長期で結果を出すのです。

(1) スケジュール帳に記入する

　遊びの予定があるなら、決まった瞬間にスケジュール帳に記入すること。海外旅行など、正確に日程が決まってなくても、だいたいの日程で暫定的に書き込み、スケジュールを仮押さえしましょう。そして、それがあなたにとって「重要な遊び」であるのなら、優先してその予定を確保すべきです。

　よく、「仕事の予定が入ったので海外旅行に行けなくなった」という人がいますが、その仕事を入れたのは「あなた」です。断ることもできたはずですから、結局、自分で「遊ぶチャンス」「人生を楽しく生きるチャンス」を減らしているのです。

(2) 遊びのTO DOリストを書く

　私の月間予定表には、今月の「観たい映画」がすべて記入されています。また、毎朝書くTO DOリストには、「19時～映画『ボヘミアン・ラプソディ』」のように、遊びのTO DOも書き加えます。

遊びの TO DO リストを書くと、その「遊び」が実行できる確率が飛躍的に高まります。

　たとえば、「19 時〜映画『ボヘミアン・ラプソディ』」と書いたなら、18 時半には仕事を切り上げ、19 時には映画館に着いていなければいけません。結果として、ノルアドレナリンが出て仕事のパフォーマンスが上がり、18 時半に仕事を終わらせることができるのです。

　「仕事が終わったら映画を観よう」と漠然と頭の中で考えるだけでは、緊迫感が生まれず、仕事が終わるのは 19 時過ぎになってしまい、結局、映画は観られません。

　また、私の月間スケジュールには、公開日ごとに「観たい映画」が書き込まれています。これをすることによって、映画を見逃す率を半分以下に減らすことができます。

　「遊び」も「ビジネス」も区別せずに「スケジュール帳」と「TO DO リスト」で時間管理する。それが上手に遊ぶ最大の秘訣です。日本人は、もっと遊びに貪欲になるべきです。

「遊びの予定」はすべて書き出す

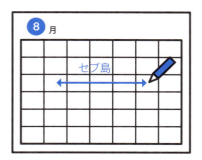

書くことで実行できる確率が高まる

 次の大型休暇にやりたい遊びをスケジュール帳に書き込もう。

CHAPTER6　あらゆる能力を引き出す最強の学び方

CHAPTER6 LEARN

73 旅に出る
Take a Trip

視野が広がり、多くの感動が人生を変える

「旅は人を成長させる!」「旅は人生を変える!」ということがいわれますが、実際のところどうなのでしょう。

私は毎年、海外旅行に6週間、国内旅行に4週間行きます。年間で2カ月以上は「旅」に出ているイメージです。

そんな旅好きの私が考える「旅のメリット」7つをお伝えします。

(1) 気付き、学びが得られる

旅をするとそこに広がるのは、異言語、異文化、異世界です。生き方や人生、生活習慣の異なる人たちから、たくさんの気付きと学びが得られます。

(2) 視野が広がる、価値観が広がる

自分の知らない世界を見ることで視野が広がります。異なる価値観の人と会うことで、価値観も広がります。

(3) ストレス耐性、危機管理能力が高まる

旅をすると必ずトラブルが起こります。忘れ物、盗難、飛行機に乗れない。荷物が出てこない。そこを上手にやり過ごすことでストレス耐性が高まり、トラブルを上手に処理すると危機管理能力が高まります。

(4) 感動する

美しい風景を見る。おいしいものを食べる。人の親切や屈託ない笑顔に触れる。旅をすると感動の連続です。感動は、人を変え、人を成長させ、人生を変えます。

(5) 絆が深まる

旅に一緒に行くと、かなりの時間を一緒に過ごすことになるので、関係性が深まります。ですから、夫婦、親子、友人、恋人など、自分が「仲よくなりたい人」と旅に出るといいでしょう。

(6) 日本のいいところ、悪いところがわかる

　海外に行くと、日本ほど治安がよく、安全、清潔な国はない、と「日本のいいところ」がわかります。逆に、「満員電車」「仕事中心」など「日本の悪いところ」も見えてきます。私たちの生活をよりよくするためのヒントが得られると同時に、「日本に生まれてよかった」と日々の生活に感謝が生まれます。

(7) 成長する、人生が変わる

　これらの多くのメリットの結果、旅をすると多くの感動とともに、多くの「気付き」を得て自己成長します。人生を変えるような衝撃的な体験をすることもあります。

　もちろん、旅にもアウトプットは必須です。あなたも旅に出て、自分の人生を変えてみませんか？

旅に出よう

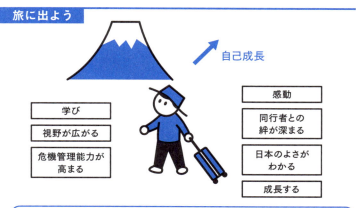

 行ってみたい場所のツアーを検索し
旅のイメージを高めよう。

CHAPTER6 LEARN

74 国内を旅する
Take a Domestic Trip

「電車で 30 分」の駅にも気付きがある

　外務省の調査によると、日本人のパスポート保有率は24％。なんと、日本人の4人に3人は、海外に行かない人です。しかし、「お金も時間もないので海外旅行は無理」という人でも、国内旅行なら行けるはず。

　国内旅行を楽しみながら、学びを深めるポイントを4つお伝えします。

（1）出張ついでに観光する

　Facebookを見ていると、北海道や九州まで行って日帰りで帰る人が多くてびっくりします。私が地方に出張する場合は、初めて行く場所であれば、前後泊で2泊することが多いです。その場所に行くまでに「時間」と「お金」をかけているのに、仕事だけして帰ってきてしまうのはもったいない。

　わざわざ休暇をとって国内旅行をするのは大変ですが、出張ついでに見聞を広げるのは、少しの工夫でできるはず。

（2）現地の人に案内してもらう

　ひとりで回るのも自由で楽しいですが、できれば現地の人に案内してもらえれば最高です。現地の人しか知らないスポットや、その地域の文化、独特の生活スタイルや考え方、習慣など、ガイドブックには絶対に載っていないことを教えてもらえます。観光地を巡るだけではなく、その土地の文化や歴史に触れるのも旅の醍醐味です。

（3）専門家と回る

　先日、神社開運コンサルタントの白鳥詩子さんの案内で、1日で都内の神社を4社回りました。六本木や神保町といった行き慣

れた街に、雰囲気がよくて癒やされる神社があったとは！ まさに驚きと発見の連続で、年150社を参拝する神社の専門家しか知り得ない情報をたくさん教えてもらいました。

このように専門家と回ると、行き慣れた場所や地域でも、まったく新しい発見と学びがあるのです。

（4）近場で街歩きをする

国内旅行に行く暇がない、お金がないという人は、もっと自分の近場を見直しましょう。電車で30分も行くと、降りたこともない駅だらけです。訪れたことのない商店街、神社、寺、公園、自然スポットが山ほどあります。

行ったことのない場所を歩くと**「ひらめき」の脳内物質アセチルコリンが分泌**されますので、「発想力」「創造力」を鍛えるトレーニングにもなります。

コンフォートゾーン（快適領域）を出たところに、発見と成長があるのです。

降りたことのない駅には「発見」がある

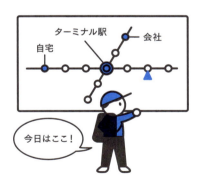

 ネットで下調べせずに気になった駅で降りて街歩きしてみよう。

CHAPTER6 LEARN

75 海外を旅する
Take an Overseas Trip

海外旅行を励みにすると、仕事にも熱が入る

　私は、社会人になってから必ず毎年1回以上海外を訪れ、今までに世界30カ国以上を訪れています。最近は、年に6週間は海外で過ごしていますので、かなり多いほうだと思います。そんな私が海外に行くと必ずすること、意識していることをお伝えします。

（1）旅のテーマを決める

　旅に出るときは、「目的」や「テーマ」を決めて、その目的に沿って情報を集め、徹底的に深掘りしていきます。たとえば、「スコットランドでウイスキー蒸留所をめぐり、ウイスキーがつくられる風土や文化を堪能する」「怠け者といわれるオーストラリア人が、なぜ日本人よりも労働生産性が高いのか？」「イスラエルではなぜ古来より紛争が絶えないのか？」など。

　自分が抱く疑問を解決し、好奇心を追求していくことは圧倒的に楽しいもの。世界で唯一、自分だけのプランを練り、唯一無二の体験をするのです。「自分のストーリーをつむぐ」ことで、魂を揺さぶる感動が生まれます。

（2）可能な限り毎日アウトプットする

　旅の細かい体験は、すぐに忘れてしまいます。忘れないよう写真を撮っても、毎日、新しい体験を次々としていくので、細かい部分が抜け落ちてしまう。それはとてももったいないことです。

　ですから、旅行中のアウトプットは必須。私は旅行中も、朝1時間かけて、毎日メルマガを書きます。文章にする暇がない場合は、感動ポイントなどを、細かくメモするだけでもいいでしょう。

（3）動画を撮る

　動画は「記録」という意味もありますが、私の場合は「共有」の楽しさです。動画を見る人にも、その風景の美しさや街の雰囲気を知ってほしい、味わってほしい。感動を共有したいのです。

　また、動画を撮ると、そのときの情景がものすごく強烈に記憶に焼きつきます。旅の記憶の強化にも最適です。

（4）その街でいちばんのレストランに行く

　せっかく海外まで来たのですから、その街でいちばんのレストランに行きましょう。多少お金はかかりますが、ものすごくスペシャルな体験ができます。

　15年前に行ったレストランについて、妻と「あそこのレストラン、本当においしかったね」といまだに話します。15年も共有できる「素晴らしい思い出」が得られるとすれば、高額な食事も高くありません。「最高の体験」をすると、人間のチャンネルが切り替わります。最近は、日本からも海外の一流店をネット予約できるのでとても便利です。

（5）現地の友人、知人に案内してもらう

　もし、海外に友人、知人がいるならば、一緒に行動して案内してもらうといいでしょう。ツアーガイドは観光名所しか連れていってくれませんが、友人の案内だと、現地の生活に密着したスポットや、ガイドブックには絶対載っていないようなスポットにも連れていってもらえます。何より安心です。圧倒的に旅を深掘りできます。

（6）臨機応変、ときにのんびり過ごす

　あまりギシギシに予定を組まず、臨機応変に変更できるよう、ある程度の余裕を持ちたいものです。その場で急に「ここ行きたい！」ということもありますし、それが意外と心に残る体験にもなります。眺めのいいカフェで1時間まったり過ごす、というのも旅の醍醐味、贅沢な時間の使い方です。

(7) 現地で生の口コミを仕入れる

　ネットでどれだけ事前に調べても、現地に住んでいる人の情報にはかないません。「おいしい店を教えてください」と、ツアーガイド、タクシー運転手、バーテン、ウエイター、ホテルの人など、いろいろな人から情報聴取します。それがきっかけで会話が広がることも多いです。

(8) スーパーマーケットに行く

　スーパーマーケットに行くと、現地の人が何を食べているのかが一目瞭然。食文化の研究には必須です。また、「物価」もわかるので、現地の生活感を理解することができます。「お土産」や「水」なども、スーパーで買ったほうが圧倒的に安いです。

(9) 現地発着のツアーに申し込む

　せっかく外国に行ったのに、ガイド以外の外国人とほとんど話す機会がなかった、ということにならないよう、現地発着のツアーに申し込みましょう。そうすると、現地の人、つまり外国人の人と一緒にツアーをすることになります。ランチなどは同じテーブルで食べるので、自然に会話と交流が生まれ、メールアドレスやメッセージを交換する関係になることも。日本のツアー会社で申し込むと、日本人同士のグループになってしまいます。

(10) トリップアドバイザーを活用する

https://www.tripadvisor.jp/

　大都市であればガイドブックもあるし、ネットで検索すればいくらでも情報が出てきます。しかし、海外の中小都市や、旅行客が少ない都市などの情報は少ないもの。そういう場合は、海外旅行の口コミサイトの決定版「トリップアドバイザー」が役に立ちます。

　英語の口コミも、すべて自動翻訳の日本語で読めるので便利です。現地発着のツアーもすぐに見つかります。

　あと裏技ですが、トリップアドバイザーに口コミを書くとマイ

ルがたまります。月 1,500 マイルまでためられますので、しっかりやると 1 年で 1 万マイル以上たまります。

海外を旅するには、「お金」と「時間」の両方が必要です。だからこそ仕事もがんばるし、時間術も工夫する。海外旅行に行けるようにがんばることが、「自己成長」のエネルギーにもなるのです。

海外では現地の「生」の情報に触れよう

現地の人に口コミを聞く

スーパーに行く

現地発着のツアーに参加

現地在住の知人に案内してもらう

> 海外では殻を破って
> 現地の空気を貪欲に楽しもう。

CHAPTER6 LEARN

76 食べる
Eat Good Food

幸せになるための最も簡単な方法

　私は、1日1食でも「おいしい！」と思う食事ができれば、「素晴らしい1日だった。幸せな1日だった」と思います。「おいしいものを食べる」ことは、幸せになるための最も簡単な方法です。

　ランチで1,000円あれば、相当においしいものが食べられます。食への「こだわり」と「探究心」、それだけで人生が幸せになるのです。

　「食べる」も、身体に食物を取り込み、身体的成長や精神的な変化が表れる、という意味で立派なインプットといえるでしょう。

　まず、「食べる」ことのメリットについて考えてみましょう。

【「食べる」ことの5つのメリット】
(1) 楽しい、幸せになる

　おいしいものを食べると幸せな気持ちになります。なぜなら、幸福物質のドーパミンが分泌されるからです。さらに「脂っぽいもの」や「甘いもの」を食べると脳内麻薬のエンドルフィンが出ます。疲れたときにラーメンや甘いものを食べると元気が出るのは脳科学的に根拠があるのです。

(2) モチベーションが上がる

　仕事をがんばったご褒美においしいものを食べる。私はよくやります。「今日で原稿が書き終わるので、終わったら寿司を食べよう」。すると、「もっとがんばるぞ！」と思います。ご褒美を期待して脳がドーパミンを出すので、モチベーションが上がります。

(3) 健康維持、病気予防

　食べ過ぎると肥満になるし、ダイエットし過ぎると栄養不足に陥り、健康を失います。栄養のバランスがとれた食事によって、

初めて健康が実現します。健康を気遣った食事をすると、病気が予防され、長生きできるのです。健康維持、そして病気にならないために、食事への気遣いは必須です。

（4）コミュニケーション力アップ、親密度アップ

一緒に食事をするだけで家族や恋人との関係性が深まります。食事は、コミュニケーションの潤滑油です。また、「どこの店がおいしい」といった「食」の話題は、けっこう盛り上がるものです。

（5）生きる

「食べる」とは、「生きる」ことそのものです。「食欲がない」「食べ物がおいしくない」というのはメンタル疾患、あるいは身体疾患の徴候かもしれません。患者さんへの問診でも、「食欲はありますか？」は必ず聞く質問です。

普通に毎日ごはんをおいしく食べられるのが健康。そうでない人は、健康から外れている可能性があるのです。

楽しく、健康に生きるために、「食べる」ことは必須です。もっと「食べる」ことにエネルギーを注いでいいと思います。

食べることの5つのメリット

- 楽しい、幸せになる
- モチベーションが上がる
- 健康維持、病気予防
- コミュニケーション力アップ
- 生きることそのもの

「食べる」ことにもっとエネルギーを注ごう！

「食べる」ことは「生きる」こと。
食への探究心をもっと持とう。

CHAPTER6 LEARN

77 おいしい店で食べる
Eat at a Good Restaurant

「得点」に惑わされない名店の見つけ方

「おいしい店」を発見するにはどうしたらいいのでしょうか？ レストランの情報をどのように見抜いてインプットするか、という意味も含めて、「おいしい店の発見法則」を教えます。

（1）友人の口コミ

「おいしい店」に関する情報は、ネットにもたくさん出ているし、グルメ雑誌もあります。私も、そういう情報をもとにさんざん食べに行きましたが、あたり外れが大きいです。

いちばんいいのは、自分の友人の口コミです。友人のお気に入りの店に連れていってもらってがっかりすることは、まずありません。あなたの友人は、年齢、性別、職業、嗜好、金銭感覚など、あなたとの共通点が多いから、味の価値観も似るのです。

（2）写真

「食べログ」を見る人は多いと思いますが、実は、食べログは投稿数が多くないと高得点がつきません。したがって、得点が高い店はおいしい可能性が高いですが、得点が低いからだめということにはならないのです。では、どこで見抜けばいいのか？

答えは「写真」です。私は、「食べログ」では写真しか見ません。レストランのホームページの写真は、プロのフード写真家が撮っていますので、どのサイトもおいしそうに見えます。

しかし、食べログの写真は、素人がスマホで撮った写真なので、「ありのまま」が露呈します。素人が「ありのまま」に撮って、「ものすごくおいしそうな写真」は、実際に食べてもほぼ確実においしいです。料理というのは、「一事が万事」。味にこだわっている店は、盛りつけや器などにもこだわります。

（3）立地

　不便な場所にある店は、おいしい確率が高いです。駅から10分くらい歩くような不便な場所に「隠れた名店」が存在します。実際、私のお気に入りの店も、ほとんど駅から離れています。

　あるいは、駅から近くても、裏通りにあったり、ビルの4階に入っていたりという場合もあります。駅から遠い、あるいは駅チカでも不便な立地は、家賃が安いのです。家賃が安いと、原価率を上げられるので、いい食材を使えます。

（4）店構え

　味にこだわっている店は、「店構え」にもこだわっています。また、店構えには店長の人間性が出るので、その店が自分に合うかどうかもわかります。

　おいしいものを食べると、それだけで幸せになります。ぜひ、会社や自宅近くにとっておきの「おいしい店」を発見し、おいしい幸福を味わってください。

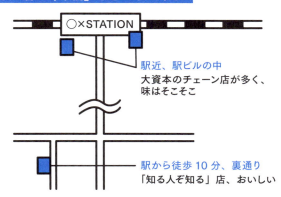

おいしい店は「不便」なところにある

駅近、駅ビルの中
大資本のチェーン店が多く、味はそこそこ

駅から徒歩10分、裏通り
「知る人ぞ知る」店、おいしい

 食べれば元気を取り戻せる
お気に入りの一皿を見つけておこう。

78 お酒を飲む 1
Drink Some Alcohol 1

適量は「1日ビール1杯＋週2回の休肝日」

「食べる」といえば、「お酒を飲む」を思い出しますが、「お酒を飲む」のは健康にいいのでしょうか？悪いのでしょうか？

1981年、イギリスのマーモット博士は「お酒を飲み過ぎたり、まったく飲まないよりも、適度に飲むことで死亡率は低くなる」ことを発表しました。これは、

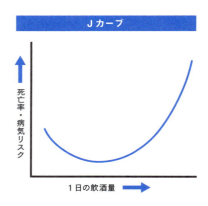

Jカーブ

死亡率・病気リスク

1日の飲酒量

その死亡率の曲線から「Jカーブ」と呼ばれています。

その後、世界的に大規模な研究が行われ、「Jカーブ」を支持する研究が発表されました。しかし最近の研究では、少量の飲酒でリスクが下がるのは虚血性心疾患、脳梗塞、2型糖尿病などの限られた疾患であり、高血圧、脂質異常症、脳出血、乳がんなどでは、飲酒量が増えるほどリスクが高まる。また、「Jカーブ」を呈するのは、先進国の中年男女に限られるなど、「Jカーブ」に否定的な研究も出ています。

いずれにせよ、少量、適量の飲酒であれば、健康に害はない（少ない）と考えられますが、この「適量」がどのくらいなのかという議論もあります。

厚労省の政策「健康日本21」では、日本の大規模研究の結果をもとに、適量飲酒は、「純アルコールで1日平均20g程度」と定められています。これはビール500ml缶1本分に相当します。

イギリスのケンブリッジ大学を中心に行われた2018年の研究（60万人を対象）によると、死亡リスクを上昇させないお酒の安全上限は、1週間あたりビール（500ml）5杯以下と発表されました。これは、各国で定められている従来の適量飲酒量と比べると、かなり低い数字です。

「健康日本21」の適量飲酒の基準で、週2回の休肝日を設けると、ちょうどこの基準をクリアします。

健康を害さない、1日の飲酒量の目安

ビール
ロング缶1本（500ml）

日本酒
1合（180ml）

ウイスキー
ダブル1杯（60ml）

焼酎（25度）
グラス1/2杯（100ml）

ワイン
グラス2杯弱（200ml）

チューハイ（7％）
缶1本（350ml）

参考：「健康日本21」（厚生労働省）

お酒の「適量」をわきまえ、健康のためにも飲み過ぎないように。

CHAPTER6 LEARN

79 お酒を飲む 2
Drink Some Alcohol 2

「寝る前に飲むお酒」は睡眠障害の原因に

　飲酒量の問題とは別に、寝る前にお酒を飲むのは極めて健康に悪いといえます。

　ある調査によると、寝酒をする日本人の割合は 30.3%、3 人に 1 人におよびます。「寝酒は睡眠によい」と考える人は多いですが、お酒は寝つきを多少はよくするものの、睡眠の持続を妨げるので、早朝に目が覚めて眠れなくなります。睡眠の質も著しく低下し、疲労も回復しません。お酒は睡眠障害の重大な原因となります。

　飲み会などがあった日は、寝るまでに 2 時間おくだけで、アルコールはかなり代謝されます。

　「飲酒量」も重要ですが、さらに大切なのは「お酒の飲み方」です。間違った飲み方をすると、飲酒量が増えやすいだけでなく、メンタル的にものすごいマイナス効果になります。

　多くの人は、「お酒はストレス発散になる」と思っているでしょうが、お酒を飲むとストレスホルモンであるコルチゾールの分泌が増えます。また、長期で飲むとストレス耐性が下がり、ストレ

お酒の睡眠への影響

1. 寝つきが多少よくなる　〇
2. 睡眠の持続が悪化する　✗
   （睡眠時間の短縮）
3. 早朝に目が覚める　✗
4. 睡眠の質が著しく低下する　✗
5. 疲れがとれない　✗

➡ お酒は、睡眠障害の重大な原因

スに弱くなります。そして、「抑うつ」を高めます。

アルコールは脳の興奮を抑える「GABA（ギャバ）」神経を活性化します。つまり、鎮静剤を飲んでいるような効果がありますが、それは「問題の先送り」の意味しかありません。

では、「正しいお酒」の飲み方とは？　それは、「楽しく」飲むことです。何かを達成したときのお祝い、ご褒美。親しい仲間や友人と、会話を楽しみながら飲む。お酒は、コミュニケーションの潤滑剤です。

飲酒量に注意し、毎日飲まない、寝る前に飲まない、など基本的なルールを守って「楽しく」飲めば、お酒はあなたの人生を楽しく、豊かなものにしてくれるはずです。

正しいお酒の飲み方

正しいお酒の飲み方	間違ったお酒の飲み方
楽しく飲む	ストレス発散で飲む
祝杯、自分へのご褒美	嫌なことから「逃げる」ために飲む
楽しい話題、ポジティブな話題 夢を語る	悪口、愚痴をいいながら飲む ネガティブな話題
親しい仲間、友人と楽しく飲む	ひとりで飲む
お酒でコミュニケーションを深める	コミュニケーションを壊す問題飲酒（ケンカ、暴力、記憶がなくなるなど他人に迷惑をかける）
週2日以上の休肝日	毎日飲む
適量飲酒	大量飲酒、二日酔いになるまで飲む
酔いを少し覚ましてから眠る （睡眠への悪影響を減らす）	寝酒（寝るために飲む、寝る直前まで飲む）
水を飲みながら飲む （アルコールの分解が促進する）	お酒だけを飲む

**寝酒は絶対NG。「楽しいお酒」はOK。
ルールを守ってお酒と正しく付き合おう。**

CHAPTER6 LEARN

80 料理を習う
Learn Cooking

脳が活性化し、段取り力のトレーニングにも

「料理教室に通う」のがマイブームです。家の近くの料理スタジオで、有名な料理研究家が講師となり、週替わりで料理教室が行われています。できあがったごはんも食べられるということで、ランチがてら月1回ほど夫婦で通っています。

「料理を習う」「みんなで料理をつくる」ことは、脳科学的、精神医学的に非常に大きな効果が期待できますので、習いごとのひとつとしておすすめです。

「料理を習う」とどのようなメリットがあるのでしょうか？「料理」の科学的効用についてまとめてみます。

(1) 料理は脳を活性化する

「脳トレパズル」で有名な東北大学の川島隆太教授と東京ガスの共同研究があります。料理中の脳を光トポグラフィで計測したところ、調理中に大脳半球の前頭連合野と背外側前頭前野（作業の記憶や行動の立案、問題解決などと関連する部位）の活性化が認められました。

また、調理中のみならず、献立の立案時にも、同様の変化が認められました。料理をつくることで、脳が活性化されるのです。

(2) ワーキングメモリ、段取力のトレーニング

料理というのは、「切る」「下ごしらえをする」「煮る」「焼く」など、複数の工程を同時進行でこなしていきます。つまり、脳の作業領域であるワーキングメモリ（作業記憶）を上手に使わないと、段取りよく作業を進められません。そのため、「料理」をすることで、ワーキングメモリが鍛えられるのです。

料理をつくるには、「次に何をする？」という段取りを考えながら作業を進めますから、「段取り力」を鍛えるのにも、格好の

トレーニングとなります。

(3) 認知症予防効果

料理をつくるというのは、複雑な作業が組み合わさっており、野菜の皮をむいたり、同じ大きさに切ったりと、手先の器用さも必要です。楽器、手芸、料理など、手先の器用さ、複雑さを要する軽作業は、認知症の予防に役立ちます。

「家族のために料理をつくる」ことで、家族に喜ばれる、感謝される。「家族（社会）の役に立っている」という自己重要感を満たすため、認知症予防効果があると考えられます。

(4) コミュニケーションを深める

料理はコミュニケーションを深めます。夫婦や親子で料理をつくるのも、とてもいいことです。

また、料理に集中すると「マインドフルネス」の効果が得られるといいます。ストレス発散、気分転換など、他にもさまざまな効果が期待されます。

「料理」は脳を活性化する

段取り力のトレーニングにも

 家族や恋人、友人と一緒に少し凝ったレシピに挑戦してみよう。

THE POWER OF
INPUT

CHAPTER7
インプット力を飛躍させる方法
〈応用編〉

ADVANCED

CHAPTER7 ADVANCED 精緻化して覚える
Memorize by Refining

誰もがやった「語呂合わせ」は最強の記憶術

　インプット術も応用編に入りましたので、学術的な裏付けもある本格的なインプット術をお伝えします。

　「インプット、アウトプット、フィードバックを繰り返すと成長する」と何度もお伝えしてきましたが、実際のところ、脳の仕組みはそう単純ではありません。脳の中では非常に複雑な作業、処理が行われており、特に**「インプットとアウトプットの間」が重要**です。

　インプットしたものを記憶して、アウトプットする。たとえば、英単語を暗記し、試験でそれを答えるまでにどのような処理が行われているのでしょうか？

　それは、「記銘」「保持」「想起」という、「記憶の３段階」として処理されているのです。**まず覚えて、記憶として保持して、思**

インプットとアウトプットの間

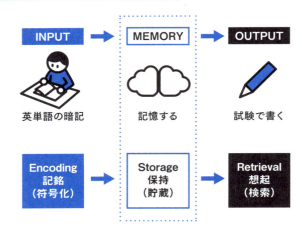

い出して最後に書く。このプロセスは、認知心理学でかなり詳しく研究されています。

　記憶を強化するには、2つの戦略があります。それは、「維持リハーサル」と「精緻化リハーサル」です。
　「維持リハーサル」とは、何度も繰り返して覚えること。英単語を読み上げながら、何度も繰り返し書いて暗記するのがそうです。
　一方「精緻化リハーサル」とは、情報の付加、統合によって情報を複雑化し、情報ボリュームを増やすことで覚えやすくすること。「語呂合わせ」がいちばんいい例です。
　「鉄砲伝来、1543年」を暗記するのに、何度も繰り返して言葉に出し、書いて暗記するのと、「鉄砲伝来、以後予算（1543）増える」では、どちらが記憶しやすいですか？　圧倒的に「語呂合わせ」、つまり精緻化です。

記憶を強化する2つの戦略

維持リハーサル

反復する
復唱する

「1543年、鉄砲伝来。1543年、鉄砲伝来。1543年、鉄砲伝来……」と復唱し続ける

覚えにくく、忘れやすい

時間がかかる

効果が低い

精緻化リハーサル

情報の付加、統合。
追記、整理、まとめ、語呂合わせなど

鉄砲伝来、以後予算（1543）増える

覚えやすく、忘れにくい

時間がかからない

効果大

覚えやすく、忘れづらく、思い出しやすい。精緻化は、記憶の3段階の「記銘」「保持」「想起」の3つのプロセスのすべてを強化する、最強の記憶術なのです。

では、精緻化を、実際の勉強や仕事でどう活用すればよいのか。7つの方法をまとめました。

（1）追記
　背景や意味、予備情報、追加情報を追記し、情報ボリュームを増やす。
例　「種子島に漂着したポルトガル人から、領主・種子島時堯（ときたか）が鉄砲を2丁購入。それを徹底的に研究し、数年で実戦で使える鉄砲をつくった」
　先生や講師のいったことを教科書やレジュメに追記する。

（2）関連づけ
　似たものや、同じグループなど、他の情報と関連づける。対照、比較する。自分の知っている知識と関連づける。
例　「1543年　鉄砲伝来　ポルトガルから」「1549年　キリスト教伝来　スペインから」（対照・比較）「織田信長は、長篠の戦いで最新兵器鉄砲を活用して大勝利」（関連情報）

（3）言い換え
　他の言葉、自分の言葉で置き換える。要約する。自分で説明する。自分の言葉で他の人に説明する。

（4）ストーリー化
　語呂合わせ。情景をイメージできるよう情景を付加する。他の人にわかりやすく説明することでエピソード記憶化する。
例　「鉄砲伝来、以後予算（1543）増える」「富士山麓オウム鳴く（ルート5=2.2360679）」

（5）整理、まとめ（体制化）

　図や表を活用する。階層化する。グループをわける。
例　図や表を自分でつくる。まとめノートをつくる。マインドマップの活用。

（6）視覚化（二重符号化）

　画像、写真、イラストを活用する。画像を使うことで、文字だけよりも、6倍記憶に残るという研究あり。
例　社会の副教材には、写真や図がたくさん載っていた。自分でイラストや絵を描いて覚える。「いたずら書き」も効果あり。

（7）省察

　学んだことに対して自問自答する。自分の意見、感想を述べる。自分流に分析、洞察する。質問を考える。疑問点を調べ解決する。
例　セミナーのあとに「気付き」「TO DO」「感想」を書く。「質問する」などは、すべて省察。
　会議の最中や終了後に、自分の意見や疑問点を書き留める。

精緻化とは？

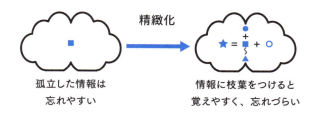

孤立した情報は忘れやすい　→　精緻化　→　情報に枝葉をつけると覚えやすく、忘れづらい

「丸暗記」はやめて
背景や関連情報も含めて覚えよう。

インプット直後にアウトプットする
Produce an Output Immediately after the Input

「直後」の「想起練習」が記憶を増強

　あなたは、映画を観ました。映画の内容をいちばん覚えているのはいつでしょう？　それは、映画を観終わった直後です。

　映画を観終わった直後であれば、劇中の細かいセリフも覚えています。数時間するとあやふやになり、翌日になると、細かい部分は記憶からかなり脱落します。

　せっかく貴重なインプットをしても、早くアウトプットをしないと、刻一刻と記憶から失われていくのです。

　では、アウトプットをするいちばんいいタイミングは？　それは、インプットした直後です。つまり、映画なら映画を観た直後。セミナーなら、セミナー終了直後、ということになります。

　私は、感動する映画を観たとき、ノートに「全アウトプット」を行います。自分の「気付き」や心に残った場面、その場面の解釈、重要と思えるところを、脳の中からすべてを吐き出すようにノートに記録します。

　本当に感動した場合は、映画館を出たところにあるイスに座って書き始めます。あるいは、映画館にいちばん近いカフェに飛び込んで書き始めることもあります。鉄は熱いうちに打て。「全アウトプット」するなら、とにかく早いほうがいいのです。

　記憶したことを何も見ずに書き出すことを「想起練習」といいます。授業のノートを書き写してもあまり意味がありませんが、何も見ず、記憶を頼りに授業内容を書き起こすのは、強力な「想起練習」となり、記憶定着に役立ちます。

　また、お気づきのように、「全アウトプット」は、「追記」「関連づけ」「整理・まとめ」「省察」など、「精緻化」のほとんどの要素を含んでおり、結果として強烈な記憶増強効果が得られます。

セミナーを受講する場合は、セミナーを聞きながらノートに書くこともできますが、すべて終わってから、改めて「気付き」と「TO DO」を整理しましょう。セミナーをすべて聞いたからこそ出てくる感想やアイデア、まとめをノートに追記するのです（精緻化）。

セミナー終了後には、アンケートを記入する時間が10分程度設けられている場合が多いので、その時間を活用し、アンケートを記入しながら、自分のノートに記入するのがいいでしょう。

会議や打ち合わせの場合も同様。終わった瞬間に、「問題点」「疑問」「懸案」「提案」など、思いつくことはすべてノートに書き出します。10分後には別の仕事に入っているので、終了後の数分ですべての整理（＆アウトプット）を終了したいです。

映画を観た直後の「全アウトプット」の例

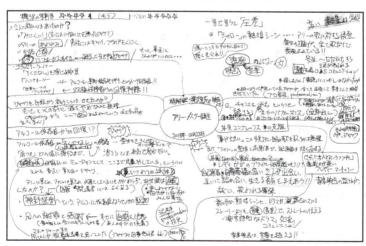

映画『アリー/スター誕生』鑑賞直後の直筆ノート

**インプットのあとに「5分」
記憶定着のための時間として設けよう。**

脳内情報図書館を構築する
Make an Information Archive in Your Brain

目標達成を実現する「マンダラチャート」

あなたの脳の中はどっちですか？ 「ゴミ屋敷」、それとも「きちんと整理された図書館」？

私は月に数回 YouTube ライブを行っています。そこでは、視聴者から今送られてきた質問に答えます。事前の準備はゼロで、その場できた質問を読み上げ、3秒後には答え始めるのです。これを初めて見た人はびっくりします。

なぜ、あらゆる質問に3秒で答えることができるのでしょうか？ それは、脳の中に図書館があるからです。今までにインプットされた情報が、「きちんと整理された図書館」の各分類棚に、ジャンル、内容ごとに整理して納められている。なので、たった3秒であらゆる質問に答えることができるのです。頭の中に Google 検索を装備しているようなものです。

あなたは、3カ月前に読んだ本に関する質問をされて、瞬時に答えられますか？ ほとんどの人は、答えられないと思います。「整理する」と「記憶に残る」といいましたが、逆に整理しないで、脳の中に雑然と情報を突っ込んでおくと、劣化して取り出し不能になるのです。

それでは、インプットした情報を忘れないで保存し、さらに瞬時に取り出せる、魔法のような脳の使い方＝「脳内情報図書館」のつくり方を教えます。

イメージとしては、脳の中に、区分けされた棚を事前につくっておき、区分けごとに「項目名」をつける。自分に必要な情報が入ってきたとき、その区分けを意識して記憶する。そのためには自分に必要な情報を、事前にすべて書き出しておくことが必要です。

CHAPTER1で、「書く」ことによって情報のアンテナが立つことをお伝えしましたが、下図のような情報の一覧をあらかじめ書いておきましょう。

それが記憶されるまで、印刷して机の前に貼ったり、写真を撮ってスマホに入れてときどき眺めるのです。慣れてくれば、何もしなくとも勝手に情報が集まり、分類も進んでいきます。

ここでは、8つの大項目ごとに8つの小項目を書き込み、64項目の分類棚をつくる「マンダラチャート」(マンダラート)を使った方法をお伝えします。「マンダラチャート」は、3×3の9マスを9つ並べて書き込む方法で、「目標達成」「アイデア出し」「講義の記録」「ブレインストーミング」など、さまざまな分野で応用可能です。アメリカ大リーグで活躍する大谷翔平選手が高校生のときに書いた「8球団からドラフト1位指名を受ける」という目標を実現するためのマンダラチャートがテレビでも紹介され、

CHAPTER7 インプット力を飛躍させる方法〈応用編〉

私の脳内情報図書館

うつ病	認知症	睡眠	本で引用する脳科学	インプットとアウトプットの脳科学	脳内物質	アドラー心理学	ユング心理学	ポジティブ心理学
薬物療法	精神医学	運動	仕事術	脳科学	画像と脳科学	社会心理学	心理学	児童心理学
生活療法	社会復帰	悩み全般	記憶	幸福	意識	心理学検査	心理カウンセリング	本になりそうな心理学のネタ
AIとは何か	AI時代になくなる職業	ロボット	精神医学	脳科学	心理学	睡眠	運動	食事
AIは意識を持つか？	AI	自分がAIを活用する	AI	自分がほしい情報	健康	トレーニング	健康	古武術
AIとビジネス応用	AIを使ったサービス	新しいテクノロジー	映画	ウイスキー	グルメ	瞑想マインドフルネス	時間術時間管理	健康のネタ
魂を揺さぶる映画	最新の映画情報	映画のランキング	新作ウイスキー	ウイスキーイベント情報	ツアー	カレー	お鮨	新店情報
映画のレビュー	映画	心理学精神医学	他の人のおすすめ(ブログ)	ウイスキー	人から聞く情報	創作料理	グルメ	ミシュラン食べログランキング
最近の話題	注目監督(リンチ、フィンチャー、ノーラン)	スター・ウォーズ	バー	ウイスキー＆フード	ウイスキー蒸留所	他の人のブログ	行きたい店	写真

一躍有名になりました。

　まず中央の9マスの真ん中「I」のところに、今回の目的「自分がほしい情報」と書きます。さて、あなたはどのような情報を収集し、脳内に蓄積したいですか。8個考えて、Aから順番に時計回りに書き込んでください。私の場合は、「精神医学」「脳科学」「心理学」「健康」「グルメ」「ウイスキー」「映画」「AI」という項目が書き込まれました。

　今度は、Aの「精神医学」に注目します。まず、これを左上の9マスの真ん中「a」に「精神医学」と転記します。「精神医学」といっても広いので、具体的に精神医学の中のどの分野の情報に興味があるのかを考えてみます。そこでまた思い浮かんだ8項目を「a」の周りに書き込んでいきます。「うつ病」「認知症」「睡眠」「運動」「悩み全般」「社会復帰」「生活療法」「薬物療法」です。

　次に、Bの「脳科学」に注目します。これを真上の9マスの真ん中「b」に転記し、同様に8項目を「b」の周りに書き込みます。この作業を以下順番に繰り返し、すべてのマスを埋めれば完成です。

　あなたの興味のある情報が、8分野64項目もピックアップさ

れました。これを印刷して机の前に貼るか、写真を撮ってスマホに入れて、ときどき眺めてください。興味のアンテナが立ちますので、ネットで情報を見ている最中や、書店に行って新刊の棚を見ている最中に、「これは自分のほしい情報だ！」とすぐにわかるのです。

情報や本を読むときも、その棚に整理するイメージで読み進めるようになります。これを日々続けていけば、「脳内情報図書館」が充実していきます。

必ず時間をとって、81マスを埋め、自分の「脳内情報図書館」を書き出すワークをやってみてください。

読者のみなさんが自分で書き込んで「脳内情報図書館」をつくりやすいよう、そのまま印刷して使える空白のマンダラチャートを用意しました。挟み込みチラシの「読者限定無料プレゼント」からダウンロードしてお使いください。

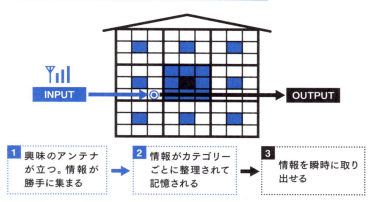

脳内情報図書館を構築する3つのメリット

1. 興味のアンテナが立つ。情報が勝手に集まる
2. 情報がカテゴリーごとに整理されて記憶される
3. 情報を瞬時に取り出せる

インプットをがんばる前に
まずはチャートに書き込んでみよう。

学びを欲張らない
Don't Overload Yourself

「3つの気付き」を得られれば十分

「1万円のセミナーだから、すべて聞きもらさずに持ち帰ろう」。とても熱心で、学びに積極的な人ほど、アンケートが数行しか書かれていない。懇親会で話をしても理解が浅い、ということがあります。なぜでしょうか？

それは、<u>脳が一度に記憶して処理できる情報は3つまで</u>で、それ以上を処理しようとすると、脳はパンクして全部忘れてしまうからです。

脳のキャパシティはものすごく大きいように感じますが、最初に処理できる入り口はものすごく狭いのです。あるいは、トレイ（皿）が3枚ほどあって、そこに情報を入れ替えながら処理しているイメージです。

情報処理のスペース、脳の作業スペースを「ワーキングメモリ」といいますが、その広さはものすごく狭いのです。

「すべてを聞き逃さないぞ！」と意気込むほどに、脳の交通渋滞が激しくなり、何も学べない状態に陥ります。学びを欲張ってはいけないのです。

私のセミナーのアンケート用紙では、いちばん上の欄に「今日、学びたいことを3つお書きください」と書かれています。これをセミナーの最初に、1分ほどの時間で書き込んでもらい、「本日は、3つの気付きを持ち帰ってください」と言葉でも促します。

<u>「3つ」に絞り込むことによって、「注意のアンテナ」が立ち、集中力も高まり学びの効率が最大化</u>します。これを「7つの気付きを得よう」と思うと、脳はパンクします。

以前は、「目的明確化」のワークもなく、最後のアンケートでは広いスペースに「本日の気付きをお書きください」と自由記述にしていたのですが、ほとんどの人は数行しか書かないか、まっ

たく書けずにアンケートを提出しませんでした。アウトプットできる量がインプットした量と考えれば、ほとんど何も学んでいなかった、ということです。

2～3時間のセミナーで、最初から最後まで、集中力をフルで維持することは不可能です。「一字一句聞き逃さない！」という姿勢は、「最初から最後まで、集中力マックスで聞くぞ！」ということと同じで、最初から無理な話です。

「全部学ぼう！」と思うほど、後半の重要なポイントにさしかかったときに、脳は疲労し、集中力が低下して、肝心なポイントを聞き逃すというはめに陥ります。

本を読む場合もそうで、「本を読む目的」を明確にして、「3つの気付きを得て、最後にアウトプットするぞ」とアウトプット前提で読む。そうすることで、ものすごく深く読むことができますし、実際には「3つ以上の気付き」を持ち帰れます。

学びは、欲張らないこと。「3つの気付き」が得られれば十分、くらいの姿勢で聞く人が、最も学びを最大化できるのです。

脳に情報処理のトレイは3つしかない

情報処理・脳の作業スペース＝ワーキングメモリは3つ

欲張ると脳は疲弊する！

「一字一句逃さず」は無理な話。
ポイントを絞って学びを得よう。

CHAPTER7 ADVANCED 学びを欲張る
Overload Yourself

無限に学びを得ることができる「3+3」法

　せっかく高いセミナーに参加しているのに、本1冊200ページもあるのに、「気付き3つでは少な過ぎる」と思った人も多いでしょう。
　よく読んでください。「脳が一度に記憶して処理できる情報は3つまで」と書きました。「一度」に3つまで。それが終われば、次の3つの処理が可能になるのです。

　A、B、C、D、E、Fと6つの情報を処理しようとする場合。一度にやろうとすれば、脳のキャパシティ「3」を超えていますので、脳はパンクして機能停止します。学びは「0」です。
　まず、A、B、Cの3つの情報に絞って処理します。それが終わって一段落してから、次にD、E、Fの3つを処理します。次に、G、H、Iと別の3つを処理する。これを繰り返すと、3+3+3+3+……と無限に学びを得ることができます。

　私のセミナーのアンケート用紙は、「3つの気付き」の次に「明日から実行したいこと（TO DO）を3つ書いてください」と続きます。参加者のほとんどが、TO DOを書けるのです。以前行ったセミナー参加者に対する実験では、「別の気付きを3つ書いてください」と続けると、多くの参加者がさらに別の「3つの気付き」を書き出しました。
　これが3+3+3の学びです。私はこの方法を「3+3」法と呼んでいます。「今日の学びを書いてください」という自由筆記だとまったく書けない人たちが、「3+3」法を使うことによって、「気付き」や「TO DO」を、大量に思い出せるのです。
　「3+3」法を読書にいかそうという場合。あなたは今、『インプット大全』から大量の学びを得ようと思っています。しかし、そ

こは我慢して、読み終わったら「3つの気付き」と「3つのTO DO」を書いてください。そして、「3つのTO DO」を1週間、徹底的に実践してください。

1週間経ったら、改めて『インプット大全』をパラパラと読み返しながら、別の「3つの気付き」と「3つのTO DO」を書いてください。そして、それを1週間実行します。これを毎週繰り返していくのです。『インプット大全』には80個のノウハウが書かれていますが、3+3+3+3+……で3個ずつ実行していくと、半年もすればその大部分を自分のものにすることができる、というわけです。

「3」という数字を意識すること。タスクや仕事を3個ずつ処理する。一度に全部やらずに、分散、分割して処理していく。それによって、あなたの学びの効率は飛躍的にアップします。3つずつコツコツ、インプットとアウトプットを繰り返せば、あなたは無限に成長できるのです。

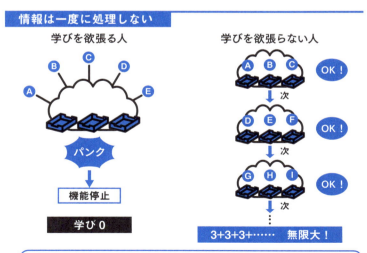

 本書で得た「気付き」と「TO DO」を3つさっそく実行しよう。

CHAPTER 7 ADVANCED 寝る前を活用する
Make Use of Time before Going to Bed

寝る前 15 分は「記憶のゴールデンタイム」

　インプットに最も適した時間は、午前中です。とはいえ、忙しいビジネスマンにとって、平日午前中に自分の勉強をするのはかなり「早起き」しない限り難しいもの。

　午前中以外で、最もインプットや記憶に適した時間帯はいつでしょうか？　答えは「寝る前 15 分」です。「寝る前 15 分」は、「記憶のゴールデンタイム」とも呼ばれます。

　ではなぜ「寝る前 15 分」は、記憶に残りやすいのでしょうか？

　人は睡眠中に、前日の出来事やインプットされた情報を整理し、記憶として定着させます。インプットをしたあとに、何もせずに眠ると記憶として定着しやすいのです。

　夜間に勉強してもらい、眠るまでの 2 時間に「何もしない群」と「映画を観る群」にわけて、翌日にテストで記憶の程度を調べた研究があります。結果は、「映画を観る群」の成績が低く、「何もしない群」の成績のほうが高くなりました。

　記憶の定着を妨害する因子して、「記憶の衝突」というのがあります。ある程度の暗記をしたあと、似たような情報や余計な情報が入力されると、脳の中で情報同士が衝突して、定着しようとしていた記憶を混乱させ、定着が妨害されてしまうのです。

　何もしないで眠ると「記憶の衝突」が起きないので、脳は余計な情報を整理する必要はなく、そのままストーンと記憶に定着します。

　たとえば受験生で「今日は 1 日勉強をがんばったので、寝る前に 30 分だけテレビを見よう！」「30 分だけゲームをして寝よう！」という人もいるかもしれませんが、記憶術的に見ると、それは最悪の「寝る前」の過ごし方といえます。

　歯みがきや洗顔も済ませた寝る直前は、あなたが最も記憶に残

したい、「最も重要なインプット」を復習しましょう。なかなか暗記しづらい項目を再度チェックし、そのまま布団に直行して眠ると、あーら不思議。翌朝起きた瞬間に、寝る前の「暗記項目」が頭の中に浮かんでくる！　という体験をします。

「記憶のゴールデンタイム」は、「インプットのゴールデンタイム」。上手に活用すると、暗記しづらいこと、記憶しづらいことも、簡単に記憶にとどめることができます。

寝る前15分が記憶に残る理由

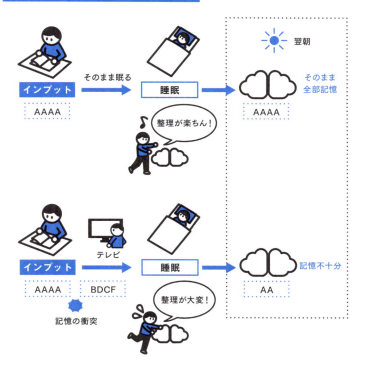

 寝室からスマホやテレビを撤去し「寝室インプット」を習慣に。

CHAPTER7 ADVANCED 記憶力をよくする
Improve Your Memory

「週2時間以上の運動」で記憶力アップ

「さまざまなインプット術はわかったけれど、そもそも自分は"記憶力"がよくないので、インプットに苦労する」という人はいませんか？ あなたが40歳を超えていたとしても、いえ70歳を超えていたとしても、記憶力をよくすることは可能です。

その方法は、「運動」です。運動すれば、記憶力がよくなります。記憶力に限らず、集中力、選択的注意力、実行機能、読解力、運動機能、ワーキングメモリ（作業記憶）、創造力、発想力、モチベーション、学力（学校の成績）、IQ（知能指数）、意欲、ストレス耐性など、多くの脳機能を向上させることがわかっています。

一言でいうと、運動するだけで、頭がよくなるのです。

【記憶力がよくなる具体的な運動法】
（1）運動の種類
　脳を活性化する、頭をよくする運動は「有酸素運動」です。つまり、ウォーキング、ランニング、ジョギング、自転車こぎ、水泳、エアロビクスなどです。有酸素運動によって、特に海馬でBDNF（脳由来神経栄養因子）が増加し、記憶に必須の歯状核顆粒細胞の新生が促進され、記憶力が向上します。

（2）運動の時間
　週に合計2時間以上の有酸素運動。1回45分〜60分以上の運動を週に数回行うと、脳トレ効果が得られます。まとまった運動時間がとれない場合、1日15分ずつの運動でも、「週2時間以上」行っていれば、ある程度の効果は出ます。

（3）継続期間
　たった1回の運動を10分行っただけで記憶力はアップしますが、それは長く持続しません。運動を1〜2カ月継続することで

記憶力増強効果が維持されます。

(4) 運動強度

運動強度は、中強度（心臓がドキドキしてちょっと苦しいくらい）が推奨されます。おしゃべりしながらウォーキングマシンのスピードをアップしていき、普通におしゃべりできなくなる速度が「中強度」の運動です。

(5) 簡単な運動よりも複雑な運動

同じ運動をしても、「単純な運動」は脳トレ効果が低くなります。「脳を使いながら運動する」ことで、脳トレ効果が高くなります。ランニングマシンで走るよりも、屋外を走る。次々と動作が変わるエアロビクス、臨機応変な対応と変化が必要な武術なども、脳トレ効果が高いといいます。

記憶力がよくなる運動法は、中強度の有酸素運動を週2時間以上、複雑な運動ほど、継続するほど効果は大きい。ということで、さっそく今日から運動を始めてみませんか？

運動すると頭がよくなる

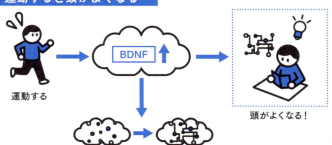

脳のネットワークを構築する！
・脳が進化する！ ・記憶力がよくなる！！

 記憶力アップ、健康維持のためにも運動を始めよう。

CHAPTER7 ADVANCED 運動しながらする
Memorize while Exercising

脳科学的に唯一 OK の「ながら」インプット

　テレビを見ながら、音楽を聴きながらなど、「ながら」は勉強や仕事の効率を下げるということをお伝えしました。ただし、ひとつだけやってもよいのが、「運動しながら」のインプット、アウトプットです。

　精神医学の世界、認知症の治療で注目を集めている治療法があります。それは、デュアルタスク・トレーニングです。認知症の患者さんに、ウォーキングマシンで歩きながら、「引き算」「しりとり」「動物の名前をたくさんいう」などの簡単な脳トレをしてもらうというもの。

　デュアルタスク・トレーニングによって、認知症の前段階であるMCI（軽度認知障害）が改善し、認知症への進行を予防した、さらには、アルツハイマー病の記憶障害が改善し、進行の予防に役立ったという報告が相次いでいます。認知症の「物忘れ」は、一昔前は「治らない」といわれていましたが、今はデュアルタスク・トレーニングを続けることによって改善するのです。

　運動と簡単な脳トレを組み合わせることで、「運動」だけの場

デュアルタスク・トレーニング

合よりもはるかに脳を活性化することができるのです。

「記憶力をよくする」の項目で、運動によって記憶力、集中力、創造性がアップすることをお伝えしましたが、これらの効果は「運動後」ではなく「運動中」にすでに表れています。

たとえば、歩きながら単語を記憶してもらう実験では、歩きながら記憶したグループは、運動をしないで記憶したグループよりも 20％も多くの単語を記憶することができました。

運動中の脳機能のアップ効果は、運動後より徐々に低減していきますので、何かを記憶する場合は「運動中」が効果的です。

スポーツジムで運動する、ランニングするときに「音楽」を聴きながらする人は多いと思いますが、せっかく脳が活性化しているのですから、「英会話」の音声など耳学用の教材を聞くことをおすすめします。

アイデアを出す場合も、部屋で机に向かって何時間考えても、いいアイデアは出てきません。考えが行き詰まったときは、散歩に出かけましょう。散歩から帰ってくるときには、いいアイデアがひらめいているはずです。

運動によって脳が活性化します。「運動しながらする」だけで記憶力、集中力、創造性を簡単にアップさせることができるのです。

運動の効果は即効性あり

 ミーティングが行き詰まったら散歩しながらブレストしよう。

休憩する
Take a Break

休憩時間こそ立ち上がり、運動をする

　仕事や勉強をしていると疲れが出てきて、注意力や集中力が低下し、パフォーマンスの低下を引き起こします。そんなときには、「休憩」して気分転換する必要があります。

　休憩時間にスマホをする人は多いですが、スマホは最悪な休憩時間の使い方であることは、前述した通りです。では、最も効果的な休憩方法とはなんでしょうか？

　それは、運動です。10分間運動をする。それだけで、集中力、記憶力、モチベーション（やる気）などがアップするという研究が多数報告されています。

　私のような自由な仕事であれば、10分間屋外を散歩するのがベストです。私は、仕事が行き詰まったら河川敷の遊歩道を散歩しますが、10〜15分でも「運動＋自然」によってものすごいリフレッシュ効果が得られます。

　とはいえ、会社勤めのビジネスマンが、休憩時間に運動するのは難しいもの。そこでおすすめなのが、階段の昇り降りです。他部署に書類を持って行ったり、会議室に移動したりする際、エレベーターやエスカレーターを使うはず。それをすべて「階段」にするだけでも、かなりの運動時間を確保できます。

　あるいは、休憩時間の10分で階段を昇り降りするのもいい。青空の下を歩くと気分転換効果はさらに大きいので、近くのコンビニまで買い物に行くのもいいでしょう。とにかく、座り続けているのがよくありません。

　シドニー大学の研究によると、1日に座っている時間が4時間未満の人と比べ、11時間以上の人は、40％も死亡リスクが高まりました。同研究者によると「テレビをじっと座って見続けると、1

時間ごとに平均余命が 22 分間短くなると推定される」とのこと。

アメリカ UCLA の研究では、座っている時間が長い人ほど、内側側頭葉が薄くなることが報告されました。内側側頭葉が薄くなると、認知機能が低下し、アルツハイマー病など認知症の発症にもかかわります。座り続けることは、脳にも身体にも極めて悪影響を及ぼします。

「立つ」ことで、前頭葉が活性化し、集中力やワーキングメモリを高めるという報告があります。近年、スタンディングデスクの効果が報告される中、長時間立ち続けるのもよくない、スタンディングデスクは効果がないという報告もあります。私の見解は、「立って仕事をする」のがいいのではなく、「座り続ける」のが非常に悪いということ。

「座ってのんびりするのが休憩」というのが従来のイメージ。肉体労働の人はそれもありますが、デスクワークで座る時間が長い人は、休憩時間くらいはできるだけ立ち上がり、運動しましょう。

「1 回 10 分」の「軽い」運動で OK

10 分のゆっくりとした自転車こぎによって、記憶力テストの試験が向上し、海馬の学習機能に関連する部分の活性が高まった。

↓

たった 1 回の 10 分間の軽い運動でも、脳は活性化し記憶力がアップする！

（筑波大学とアメリカ・カリフォルニア大学アーバイン校との共同研究）

 座りっぱなしはやめて
1 時間に 1 回は休憩をとり、体を動かそう。

移動する
Change Locations

「場所ニューロン」の活性化で記憶力アップ

次のうち、勉強がはかどるのはどっちでしょう？
A　ひとつの場所にこもって勉強をする。
B　いくつかの場所を移動しながら勉強する。
　答えは、Bです。

　場所と記憶の関係について調べた、アメリカ・ミシガン大学の研究では、40個の単語を10分（2回）の時間を与えて記憶してもらいました。
　グループAは、1回目と2回目を同じ部屋で。グループBは、1回目と2回目を異なる部屋で記憶してもらいます。結果、記憶

場所を変える

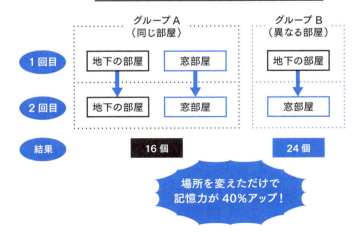

できた単語の平均数は、グループAの16個に対して、グループBは24個。なんと、場所を変えただけで、記憶力が40％もアップしたのです。

これは、「場所の情報」と「単語の情報」がリンクしているので、異なる場所で記憶したほうが思い出す手がかりが増えるから、と考えられています。

また、場所を変えることで、海馬にある「場所ニューロン」が活性化します。海馬は記憶力を司る部位ですが、場所を変える、あるいは歩いたり、移動したりすることで脳が活性化し、記憶力が高まるといえるのです。場所ニューロンを発見したジョン・オキーフ博士らは、2014年ノーベル医学生理学賞を受賞しています。

実は私も、1日に3回、場所を変えて仕事をしています。午前中は「自宅の書斎」。午後からは「カフェ」でランチをして、そのまま数時間執筆。その後、さらに「事務所」に移動し執筆を続けます。場所を変えることで気分転換になり、集中力がリセットされるので、仕事がものすごくはかどります。

樺沢流の移動仕事術

 自宅、カフェ、図書館など、自分が集中できる場所を複数持とう。

CHAPTER7 ADVANCED 備える
Prepare for the Future

今のインプットの効果は 10 年後に実感できる

　「勉強の効果が出てくるまで、どのくらいの時間がかかりますか？」と聞かれた私は、すかさず答えました。「10 年です！」。質問した人が、ものすごくがっかりした顔をしたのを覚えています。10 年という時間の長さに愕然としたのでしょう。

　『アウトプット大全』がベストセラーになった今、つくづく思います。「10 年前に読んだ本が、ようやく今、役に立っている。10 年前からしっかりとインプットを続けていて本当によかった」と。

　本を読んで、すぐに得られる効果もたくさんあります。しかし、読んだ直後は、ただ「知っている」だけ。その内容が、自然に行動できるまでに落とし込まれてはいないのです。

　たとえば、「朝いちばんで TO DO リストを書こう」というノウハウを学んで、次の朝から実行しようとすることはできます。しかし、うまく TO DO が浮かんでこなかったり、忙しい日は忘れてしまったりする。しかし、半年、1 年と続けていくことで、それが習慣となり、机に向かうと、意識せずとも TO DO リストを書いている状態になります。**知識が自分の血となり肉となり、習慣化された**ということです。

　考えなくても無意識にやっている状態、つまり、単に「知っている」だけではなく、「身についている」という状態にするためには、ある程度の時間が必要です。

　2009 年に私が初めてのビジネス書『一億稼ぐ人の心理戦術』（中経出版・当時）を出版したときに思いました。「多くの人のワークスタイルを変えるような、その時代を代表するようなビジネス書を出したい！」。そのために膨大なインプットとアウトプットを繰り返し、その 9 年後に『アウトプット大全』が完成しました。

必要な知識を短期でインプットしていくことはもちろん重要です。しかし、それだけでは不十分。10年後の自分はどうなっていたいのか、という「ビジョン」を持って、そこに近づけるように「何が必要なのか？」「何をインプットすべきなのか？」を考える。10年後の「なりたい自分」になるために「備える」インプットも絶対に必要です。

　私たちの心や脳は、10年前のインプットでできています。

　あなたは、10年後の自分のために、どんなインプットをしていますか？

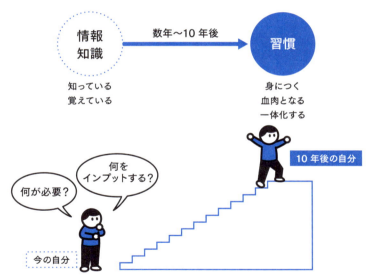

 10年後の「なりたい自分」のために必要なインプットをしよう。

おわりに

　最後までお読みいただきありがとうございます。
　本書は、「令和時代の教科書」を目指し、「知的生産性を高めるビジネス書」の決定版となるように執筆しました。

　これから、少ない時間でより多くの仕事をこなせる「生産性の高い人」が評価される時代になります。さらに、AIの急速な普及によって、「与えられた仕事」をただこなすだけの人は不要となるでしょう。
　自分から考えて積極的にインプットし、AIには考えつかないアイデアを出せる創造性の高い人が求められるのです。

　その方法を、実際に仕事や日頃の勉強ですぐに実践できる形にまとめたのが、『アウトプット大全』と『インプット大全』です。
　平成最後の年に『アウトプット大全』が出版され、令和元年に『インプット大全』が出版されたのは偶然ではありません。

10年、20年経って読んでも新しい発見があり、あなたの自己成長をさらに加速させる。令和時代に飛躍するための「座右の書」として、ぜひ活用してほしいと思います。

　また、「人生100年時代」といわれますが、当然ながら誰でも100歳まで生きられるわけではありません。
　仮に100歳まで生きられたとしても、友人や家族もいない「孤独」な状態で、自由に使えるお金もなければ、幸せとは言い難いでしょう。

　本書は、単なるビジネス書として「仕事での成功」を後押しするだけではなく、「健康」「コミュニケーション」「遊び」という幸せに生きるために必要なエッセンスを多く盛り込みました。
　つまり、仕事で成功し、プライベートも充実させ、健康で楽しく幸せに生きるための「人生100年時代の教科書」でもあるのです。

　『インプット大全』でお伝えした、アウトプットを前提とした積極的なインプット術。そして『アウトプット大全』でお伝えした、行動することで現実世界を変えるアウトプット術。この2つを徹底的に実行し、習慣化してください。

　病気とは縁のない健康体で、バリバリ働き、プライベートや遊びも充実。令和時代を前向きに、幸せに生きていきませんか。
　そのために本書が役立てるのであれば、精神科医として、これ以上の幸せはありません。

令和元年7月某日
精神科医　樺沢紫苑

※本書でご紹介した情報・サービスは、書籍発刊時点のものであり、変更する場合があります。

参考・引用図書

- 『脳が認める勉強法――「学習の科学」が明かす驚きの真実!』(ベネディクト・キャリー著、花塚恵訳、ダイヤモンド社、2015年)
- 『使える脳の鍛え方 成功する学習の科学』(ピーター・ブラウン、ヘンリー・ローディガー、マーク・マクダニエル著、依田卓巳訳、NTT出版、2016年)
- 『脳の力を100%活用するブレイン・ルール』(ジョン・メディナ著、小野木明恵訳、NHK出版、2009年)
- 『フロー体験 喜びの現象学』(M.チクセントミハイ著、今村浩明訳、世界思想社、1996年)
- 『フロー体験入門――楽しみと創造の心理学』(M.チクセントミハイ著、大森弘訳、世界思想社、2010年)
- 『エグゼクティブは美術館に集う 「脳力」を覚醒する美術鑑賞』(奥村高明著、光村図書出版、2015年)
- 『スマホが学力を破壊する』(川島隆太著、集英社、2018年)
- 『2時間の学習効果が消える! やってはいけない脳の習慣』(横田晋務著、川島隆太監修、青春出版社、2016年)
- 『緋色の研究』(アーサー・コナン・ドイル著、深町眞理子訳、東京創元社、2010年)
- 『NATURE FIX 自然が最高の脳をつくる――最新科学でわかった創造性と幸福感の高め方』(フローレンス・ウィリアムズ著、栗木さつき・森嶋マリ訳、NHK出版、2017年)
- 『一流の頭脳』(アンダース・ハンセン著、御舩由美子訳、サンマーク出版、2018年)
- 『脳を鍛えるには運動しかない!』(ジョン・J・レイティ著、野中香方子訳、NHK出版、2009年)
- 『感動する脳』(茂木健一郎著、PHP研究所、2009年)
- 『メモの魔力』(前田裕二著、幻冬舎、2018年)
- 『なぜ夫は何もしないのか なぜ妻は理由もなく怒るのか』(高草木陽光著、左右社、2017年)
- 『いい緊張は能力を2倍にする』(樺沢紫苑著、文響社、2018年)
- 『頑張らなければ、病気は治る』(樺沢紫苑著、あさ出版、2015年)
- 『毎日90分でメール・ネット・SNSをすべて終わらせる99のシンプルな方法』(樺沢紫苑著、東洋経済新報社、2014年)
- 『脳のパフォーマンスを最大まで引き出す 神・時間術』(樺沢紫苑著、大和書房、2017年)
- 『読んだら忘れない読書術』(樺沢紫苑著、サンマーク出版、2015年)
- 『覚えない記憶術』(樺沢紫苑著、サンマーク出版、2016年)
- 『ムダにならない勉強法』(樺沢紫苑著、サンマーク出版、2017年)
- 明治安田生命「いい夫婦の日」に関するアンケート調査(2018年)

Profile
樺沢紫苑
かばさわ しおん

精神科医、作家

1965年、札幌生まれ。1991年、札幌医科大学医学部卒。2004年からシカゴのイリノイ大学に3年間留学。帰国後、樺沢心理学研究所を設立。

「情報発信を通してメンタル疾患、自殺を予防する」をビジョンとし、累計40万人以上に精神医学や心理学、脳科学の知識・情報をわかりやすく伝える、「日本一アウトプットする精神科医」として活動している。

著書は30冊。『読んだら忘れない読書術』（サンマーク出版）は15万部、『学びを結果に変えるアウトプット大全』（サンクチュアリ出版）は40万部のベストセラーとなっている。

公式ブログ　https://kabasawa3.com/blog/
公式メルマガ　http://kabasawa.biz/b/maga.html
登録はこちらから→

学び効率が最大化する インプット大全

2019年8月3日 初版発行
2024年8月28日 第22刷発行（累計24万部※電子書籍含む）

著者　樺沢紫苑

デザイン　井上新八
DTP　セールストリガー
営業　市川 聡／石川 亮（サンクチュアリ出版）
広報　岩田梨恵子／南澤香織（サンクチュアリ出版）
編集　吉田麻衣子（サンクチュアリ出版）

発行者　鶴巻謙介
発行所　サンクチュアリ出版
〒113-0023　東京都文京区向丘2-14-9
TEL 03-5834-2507　FAX 03-5834-2508
https://www.sanctuarybooks.jp
info@sanctuarybooks.jp

印刷・製本　中央精版印刷株式会社

ⓒshion kabasawa, 2019 PRINTED IN JAPAN

※本書の内容を無断で、複写・複製・転載・データ配信することを禁じます。
※定価及びISBNコードはカバーに記載してあります。
※落丁本・乱丁本は送料弊社負担にてお取替えいたします。レシート等の購入控えをご用意の上、弊社までお電話もしくはメールにてご連絡いただけましたら、書籍の交換方法についてご案内いたします。ただし、古本として購入等したものについては交換に応じられません。